U0929449

WEST POINT LEADERSHIP

西点领导力

启航◎著

北京理工大学出版社
BEIJING INSTITUTE OF TECHNOLOGY PRESS

图书在版编目（CIP）数据

西点领导力 / 启航著. —北京：北京理工大学出版社，2013.5
ISBN 978-7-5640-7655-9

Ⅰ. ①西… Ⅱ. ①启… Ⅲ. ①西点军校—学校管理—经验 Ⅳ. ①E712.3

中国版本图书馆CIP数据核字（2013）第075390号

出版发行 / 北京理工大学出版社
社　　址 / 北京市海淀区中关村南大街 5 号
邮　　编 / 100081
电　　话 / （010）68914775（办公室）68944990（批销中心）68911084（读者服务部）
网　　址 / http：//www.bitpress.com.cn
经　　销 / 全国各地新华书店
排　　版 / 博士德
印　　刷 / 北京凯达印务有限公司
开　　本 / 670 毫米 ×960 毫米　1/16
印　　张 / 19.5
字　　数 / 320 千字
版　　次 / 2013 年 5 月第 1 版　　2013 年 5 月第 1 次印刷　　责任校对 / 周瑞红
定　　价 / 36.00 元　　责任印制 / 边心超

前言

Introduction

随着近几年服务的企业越来越多，我深刻感受到，在目前快速发展的社会中企业需要不断改变以适应这个时代。一方面，我为众多企业不断寻求新知、打造团队进而逆势而上感到欣慰；另一方面，我也为众多企业对未来依然迷茫而感到担忧。为了帮助领导者提高管理能力，更高瞻远瞩地制定企业的发展规划，我以拥有全球顶尖领导力课程的西点军校为基础写了这本书。

在美国纽约州的哈德逊河西岸有一片风光秀丽的原野，这里不仅植被丰富，还有许多野生动物时而出没，可以说是个得天独厚的“自然公园”，享誉世界的西点军校就坐落在这里。

西点军校的前身只是一所普通的军事学校，最初也并未受到重视，在最早的两位校长的努力下，西点军校存在的必要性日益被越来越多的人所认同，后来，不期而至的一场战争使美国总统与国会明白了培养军事人才的重要性，这才把重振西点的计划提上日程。再之后，随着西点教员的不懈努力，西点向社会输送了大量人才，而西点在人们心中的形象也愈加高大。如今，西点更成为美国的骄傲，成为世界各国向往军事世界的学子梦寐以求的学府。

西点的校训是“责任、荣誉、国家”，它以严谨的教学理念、严酷的训练方式和有容乃大的校风培养了多位对世界局势产生巨大影响的人物，像五星上将麦克阿瑟、前总统艾森豪威尔、魔鬼悍将谢尔曼、美国第一位进行太空行走的宇航员怀特、商业大亨艾拉斯科、著名作家爱伦坡、天才画家惠斯勒、美国7-11连锁店总裁戴皮托、国际银行前主席奥姆斯特德、美国空军之父亨利·阿诺德等，若要将这些在历史的星空中闪闪发亮的西点人都列出来，恐怕我们将会看到一页长长的清单了。

许多人感到好奇，西点究竟凭什么能教育出这么多优秀的领袖人物呢？而且，这些西点毕业生不是军人出身吗？为什么他们并非仅仅涉足军事领域，就连经济、艺术等领域也都能占有一席之地呢？

其实，西点不单纯只是培养军人，而更注重培养学员身上的军人气质。在这里，许多年轻人通过短短4年的生活与学习，由天性懒散、毫无目标变成了纪律严明、心有所向的优秀战士。他们今后无论走到哪里，无论身处何种工作岗位，他们心中那句简洁的校训都是永远不会改变和消减的，他们将“责任、荣誉、国家”6个字渗透到自己的生命中去，立志一生为国家和人民服务，这就是一种大爱。正是这种不同于常人的博大胸怀，造就了日后辉煌的各界精英和各阶层领袖。可见，所谓的“隔行如隔山”并不可怕，重要的是你若能拥有西点精神，并将这股劲头贯彻于自己的梦想与努力，就一定能够所向披靡。

作为组织和团队中的领导者，一定会对“所向披靡”的力量感到十分好奇吧？那么西点人究竟具备什么特别的素质并走到巅峰呢？在本书中我将会针对领导者在日常工作中遇到的难题和需求，通过“目标、自我、压力、团队、责任、沟通、绩效、危机”8个方面，结合著名西点人的人生轨迹与从业经历，分别进行管理层面的细化阐述，希望能带给正感到迷茫的领导者们有益的辅导和帮助。

最后，将西点校歌献给翻阅此书的您，以期启示——

“亲爱母校，永驻心头，校训铭记，岁月悠悠。职责毋忘，荣耀闪光，西点西点，成吾家乡。日夜教诲，您之赤子，珍惜荣誉，为之战之。吾等毕业，卫戍海空，西点西点，报国尽忠。离校之日，事业之始，祝愿母校，鸿运高照。多多益善，莘莘学子，为您而生，为您而死。”

目录

Contents

第一章 Chapter 1 目标管理

第二章 Chapter 2 自我管理

第三章 Chapter 3 压力管理

第四章 Chapter 4 团队管理

第五章 Chapter 5 责任管理

第六章 Chapter 6 沟通管理

第七章 Chapter 7 绩效管理

第八章 Chapter 8 危机管理

Chapter 1

第一章

目标管理

每个人都有梦想，正因为梦想的存在，许许多多看似不可能的奇迹才会发生。但如果仅仅把“梦”停留在“想”上，梦想也就失去价值了。对于领导者来说，梦想与目标决定着整个团队组织的方向与未来，但仅靠给伙伴们描绘蓝图是不够的，更重要的是拥有果敢坚决的执行能力。只有执行力提高了，决策才会变得更加雷厉风行，效率才能提高，工作才能保质保量地完成。本章就将向大家介绍如何拥有执行力，也就是目标管理能力。

第一个从西点毕业的黑人中尉亨利·弗利珀：勇敢地向着目标前进

当你拥有一个梦想之后，就要一门心思地实现它。

——第一个从西点毕业的黑人中尉亨利·弗利珀

著名的美国管理专家霍根曾说："无论何时何地，何种行业，都会有60%～75%的下属认为，他们最大的压力和最糟的感受来源于他们的领导，还有的下属会将项目失败的主因也归于领导者，认为是上司领导不力、决策失误才会造成令人惋惜的局面。"

霍根表示自己还对各国的某些领导者作过一番调查，结果让人有些遗憾："在美国，不称职的领导居然占到了60%～75%的相当大的比重；在工业发达的德国，以过去10年为一个区间，大概有一半的高级主管在管理上都是失败的；而在中国，这种情况也好不到哪里去……”

可以说，领导者管理能力的好坏，在很大程度上都归结于执行能力的好坏。我们常常能够从那些出色的领导者身上发现一个共同点——富有强劲的行动力和绝不拖泥带水的个性：无论着装还是行事风格都表现得干脆利落。而从霍根所说的不合格的领导身上则会流露出只喊口号、不重实际的浮夸作风。

其实，**一个好的领导首先要做的不是一遍遍地向下属描绘宏伟蓝图，而是要先加强自身对目标管理的认识，然后再毫不动摇地将目标贯彻始终**。美国第一位担任野牛骑兵指挥官的黑人军官弗利珀就是一位一旦树立目标就勇往直前的典型榜样。

亨利·弗利珀于1856年出生于美国一个平凡的奴隶家庭。虽然他生于南北战争结束时期（那时黑奴已经得到解放），但仍因出身寒微，家境贫困，所以不得不从记事起就跟随父母不停劳作，小小年纪就开始咀嚼人间疾苦。但是，弗利珀却并未因此而自轻自贱，他默默地在心中将马丁·路德·金视为榜样，认为每个人依靠自身的努力都能够有一番成就。

弗利珀在童年时代就酷爱游泳。某个夏日清晨，弗利珀想要到离家不远的大河里游泳，他同时给自己设立了一个目标，他不是游着玩玩就算，而是要一直游到对岸去！他的母亲得知他的这个想法后非常担心，几次劝说无果后，便决定偷偷跟着孩子前往。

那是一个被浓雾遮蔽的清晨。虽是夏季，但早上的河水却还是让他感觉到冰冷刺骨，弗利珀跳下水去，身体不由得被冻得直发麻，但开弓没有回头箭，他只有硬着头皮向前游。几个小时后，小弗利珀已经筋疲力尽，他觉得自己一步都不能再游了。他的身体越发感到麻痹，也丝毫看不到对岸的影子，更可怕的是，雾越来越大，别说对岸，就是来时的方向他也辨认不出了，他一下子六神无主起来。

然而，就在小弗利珀的心被恐惧填满的时候，他听到了母亲那微弱而又急切的呼唤。弗利珀立刻大声回应了母亲，恨不得将自己所有的恐惧都喊出来。他的母亲温柔地劝慰他："你已经离岸很近了，我在这里能看得很清楚。你只要再坚持一点点，就能登陆了。不要放弃！"听到母亲那鼓励的声音，弗利珀仿佛全身又充满了力量，他再次向对岸望去，虽然视野中仍是一片浓雾，什么也看不清，但他相信母亲的话，于是奋力继续向前游去……游着游着，他觉得身体又热了起来，15分钟后，他果然游到了对岸。

多年以后，弗利珀在谈起自己的成功时依然十分感谢母亲的激励和这次游泳的经历，他说："如果没有母亲的话，我可能无法游到对岸。也正是从那时起，我明白了，当你拥有一个梦想之后，就要一门心思地实现它。人生在世，就要有一个目标，然后向着这个目标勇敢地前进。”而这段经历也成为弗利珀此后人生中的一盏指路明灯。

1873年，在奴隶获得标志性解放的10年后，弗利珀通过自己长年不懈的学习和努力，被西点军校录取。他并不是第一位被录取的黑人学员，所以，他很清楚，那些曾经发生在学长们，尤其是黑人学长们身上的“不愉快”一定也会理所当然地落在自己身上——在早期的西点军校里，黑人学员无一例外地会遭到排斥、辱骂，更严重地甚至被赶出西点。

黑人士官在西点的生活可以说是异常艰苦的，被辱骂和人身攻击对黑人学员来说几乎已经是家常便饭，还常有人故意找茬或直接挑衅，撩起纷争后便大打出手一番，因此而违反纪律进而被开除的黑人学员大有人在。

对于这些，弗利珀总是告诉自己忍耐再忍耐，他觉得：我的理想是让家人过上好日子，而不是在打架斗殴中暂时胜利。如今，我已经到了西点，我知道离梦想越近，挫折便也会越大。老天爷要给我们一件东西，也总会让我们付出一些代价，不是吗？他的内心十分明了，一旦他回应那些挑衅他的人，或是被激怒而参与斗殴，便会害得自己被退学，到时候不要说出人头地，让家人过上更舒适的生活，就是自己未来的履历恐怕也会沾上污点。

所幸，弗利珀的老师是一位心地仁厚的人，他总是试图帮弗利珀解决各种困难，还一直鼓励他努力学习，把将来有所作为的希望投注在他身上："在西点，不是靠关系和蛮力就能决定人生。只要你不迷失在自己的疑惑中，向着目标努力奋斗，就一定能得到回报。西点只相信有毅力的人。"最终，弗利珀将一切打击与侮辱都忍了下来，这一忍就是4年。终于在1877年，他以优异的成绩顺利从西点毕业，并被分派到了西部的第十骑兵团a连，担任野牛骑兵指挥官——弗利珀也成了该连史上的第一名黑人军官。

但是，从西点毕业仍然不代表自己的地位得到提高和认可，对于一位黑人来说，不过是从一个魔窟逃到另一个魔窟罢了——军营生活与西点相比别无二致，无论他如何努力、如何勤奋，总会受到上级的轻视和同级的打压，而他的下级更是从未把他放在眼里，对于他所下达的命令向来充耳不闻……

3年后，军队中发生了"侵吞部队伙食金"的丑闻，部队里的伙食费竟然不翼而飞了！那些素日看不起弗利珀的军人便理所当然地将这个罪名转嫁到了他的头上。军事法庭倒是调查过这件事情，并没有找到证据证明这笔钱是弗利珀偷的，但讽刺的是，弗利珀的名誉并未得到彻底恢复，法庭还是给他扣上了"行为与军官司和绅士身份不相称"的罪名，他的戎马生涯也就此被断送了，那一年他才25岁。

退役后的弗利珀也有过短暂的迷茫，但是，只要他想到母亲的鼓励和老师的谆谆教导，就会暗暗告诉自己：做军人的方式有很多种，就算没有了士官的头衔，但我依然可以像一名军人一样生活。在以后的人生中，他先后做过出色的采矿工程师、作家和报纸编辑，在多个领域实现了自己的人生价值。他没有忘记自己在少年时代许在心底的承诺：要让家人过上好日子，在外人看来，虽然历经坎坷，但他的确做到了。

而且，他依然没有放弃的一件事情是：时刻将玷污自己名誉的污点放在心头，并一直寻找翻案的机会。然而，直到他最终去世，这件事也没有结果。直到1976年，一位名叫罗伊·麦克尔的佐治亚州白人教师，非常钦佩弗利珀，他通过连续不断的努力，终于把那个军事法庭的裁决推翻了，虽然这份礼物来得晚一些，但相信弗利珀一定能够安息了。

在当年的军事法庭上，弗利珀的律师曾提出这样一个问题："一个黑人究竟有没有可能取得并保住一个军官司的职位？"后世的美国著名黑人上将科林·鲍威尔坚定地回答："能！我自己和成千上万黑人的经历响亮地回答了这个问题。但是我们知道，这条布满偏见与歧视的荆棘道路是通过我们之前许许多多无名的黑人——那些老萨吉和亨利·弗利珀们的牺牲开辟的。我们今天得到的一切都是他们为我们创造的。"

实现目标的人不一定都带着光环，但是正在实现目标的人则一定带着苦难。这就像现实中每个人都会拥有梦想，或是拥有许多个梦想，但并非所有人都够坚持到底一样。作为领导而言，是否拥有一个坚定的目标，并持之以恒地带领整个团队努力奋斗下去非常重要。可以想见，对发展前途毫无头绪，连奋斗轨迹也无从下手的领导，是不能够得到团队的信任的。

在生活中，并不缺少有理想、有目标的领导者，缺少的是像弗利珀一样勇敢、坚毅、能忍耐的领导者。也许有人会说，军人跟领导不一样，战场跟商场更不一样，但是要知道：在没有业绩就没有生存、落后就要被淘汰的竞争与商战中，其时间的紧迫性和残酷性是一点也不亚于战场的。没有塑造好目标管理能力就坐上领导者职位，就像没有排好兵布好阵就上战场一样，其结果必然是令人失望的。

因此，领导要特别注意审时度势，不仅要制定最为合适的目标，还要在团队碰到困难的时候不断地发出鼓励与警醒的信号，把勇敢、坚韧的种子牢牢种植在团队成员的心里。有了目标，团队才有前进的方向；有了科学合理的目标，团队才有一鼓作气、真正拿下目标的士气。

不过，与弗利珀实现自己的人生目标有所不同，团队合作中的奋斗目标更要讲究实际和有效性，也就是说，领导在给自己或下属制定目标时，要特别注意这个目标是否能在自己的能力范围之内实现。有的领导为了激励下属，故意将目标定得高一些，这样的话就算下属只完成百分之几也能超出他的预期。其实这么做是不科学的，一来这会导致领导在今后越来越依赖目标，认为只要制定好目标就能成功；二来总是制定高不可攀的目标必定会迎来失败，若这失败连续几次发生，就毫无疑问会打击下属的奋斗

积极性。

同时，领导还要理清目标的实质：目标不是唯一的激励手段，不能仅依靠定目标就指望下属能够多快好省地完成任务。要注意将目标与奖励机制搭配执行，才会让下属产生更大的动力。

行动指南

不要好高骛远，要脚踏实地地找到适合所有人的目标，然后像跨栏那样逐步前进，等跨过第一栏，再说如何向前跨第二栏、第三栏……

目标固然是人们奋斗的希望，但人的心力毕竟有限，若长时间奔着一个方向跑很有可能疲劳，所以领导可以结合一些适当的奖罚制度来鞭策下属，这样才能保持整个团队的积极性。

第一章 目标管理

五星上将麦克阿瑟：
干脆利落地完成任务是员工第一要务

在列队的时候干脆利落的一群人，在打仗时才能把自己和乌合之众区别开来。

——美国五星上将道格拉斯·麦克阿瑟

同一件事，交由不同的人去做，所得到的结果很可能会大相径庭。有些人以一种散漫的心态，抱着“走一步看一步”的心理去做事；而有些人则是说做就做，雷厉风行。而这两种不同的态度将决定一个领导的执行能力是否强劲。不管对于企业、团队或是任何阶层，一个有执行能力的领导者是带领下属前进的基础，更是团队中所有成员的榜样。

美国著名五星上将、被冠以“历史上最年轻西点校长、准将、少将、陆军参谋”等美名的道格拉斯·麦克阿瑟战功显著，他曾说：“在列队的时候干脆利落的一群人，在打仗时才能够把自己和乌合之众区别开来。”可见，麦克阿瑟能在盛年之时就拥有他人所不能及的成就，绝不是巧合，这是因为他从西点学会了一样很重要的东西：干脆利落的行事风格。

麦克阿瑟被誉为具有狼一般性格的人，在他的军旅生涯中，他打的胜仗就如同狼捕获的战利品一样多。尽管他也曾打过败仗，但他却把那些失败比喻成捕猎，认为正是失败磨炼了自己的战斗技能，也更加激发了自己下一次对成功的期望。失败只是过去式，绝不要拖泥带水地沉湎其中。

麦克阿瑟于1880年1月26日出生在美国阿肯色州小石城的军人家庭。他的父亲老阿瑟·麦克阿瑟是美国将军，也正是这位将军父亲成为了麦克阿瑟的启蒙老师和精神向导。经过不懈努力，在1899年，麦克阿瑟以超过总平均分93分的好成绩被西点军校录取。

西点军校的生活是非常清苦的，从清晨睁开双眼一直到深夜，几乎一直是忙碌的。尽管学校生活颇为单调，但麦克阿瑟却从没有放松对自己的严格要求。与一些得过且过的学员不同，麦克阿瑟总是将自己的房间打扫得干干净净，列队出操或轮班站岗时，他也从不迟到，一直准时准点到达。在公众场合，他也非常注重自己的形象，总是保持衣装整洁，让人一眼望去就能轻易感觉到他的军人气质。连续两个学年，麦克阿瑟凭借自己干净利落的生活作风成为同学们的榜样，同时他还被西点评为“内务整洁、着装规范、军姿优美”的标兵，到二年级时就被教员联合推荐为下士，这已是当时西点学员所能获得的最高军衔。

到了第三学年，麦克阿瑟被任命为第一上士，至此他成为了一名学员干部，开始负责管理整个连队。在日常学习和管理中，麦克阿瑟说一不二、雷厉风行，执行纪律时更是铁面无私、说到做到。有一次，一个学员在训练时不够专注，一连做错了好几个动作，影响到了连队的总体成绩。麦克阿瑟非常生气，于是当即命令那个学员回房间面壁12小时。众学员见麦克阿瑟如此严格，从此以后便更加努力认真地参与训练，到期末测评时，麦克阿瑟所带领的连队带给所有人以惊喜：他们夺得了校史上罕见的双料冠军。

很多年以后，麦克阿瑟的老同学们在回忆起那段求学生涯时，曾这样评价他：“你从来看不到他的自由散漫”；“他一旦下定决心，就不会再改变主意”；“他似乎总是在各项领域中保持着领先地位”……

1903年，麦克阿瑟前往菲律宾服役，这期间他曾数次上战场。在某次执行完任务返回营地时，麦克阿瑟和战友遭到了当地散兵的伏击。当时他们正在路上走着，没有发现隐蔽在路边草丛中的伏兵已经将枪口对准了自己。但万幸的是，这枚子弹只是从他耳边擦了过去，他身体的其他部位并无大碍。奇妙的是，他的战友却已被吓得趴在了地上，而麦克阿瑟仍然表现得镇定自若。

只见他马上佯装被击中，借势滚进树丛中。伏兵以为自己击中了目标，便放心大胆地走了出来。

而此时麦克阿瑟瞄准时机，抬手就是一枪，放倒了敌人。虽然这是他生平第一次杀人，但素来养成的果敢、利落的性格，让他没有过多地沉浸在感慨中。他连忙向路边转移，并听到一声来自战友的尖叫，想必是战友与另一个伏兵遭遇了。麦克阿瑟将目光投向小路，发现那个伏兵已将自己的战友钳制住了，兴许是天生具备军人素质，兴许是在西点练就的干练风格，来不及多想，他立刻将枪口瞄准了那个伏兵——啪！随着一声干脆的枪响，伏兵倒在了血泊之中。麦克阿瑟英勇的表现很快就在军营中传开了，他的地位一下子提高了，成了士兵们最愿意选择的作战伙伴。

后来，麦克阿瑟不仅在战场上屡立战功，更是赢得了整个军队的尊重与爱戴。有人感慨道："麦克阿瑟几乎是无人不晓，你可以随便去询问任何一个下级士兵，没有人不知道麦克阿瑟的鼎鼎大名！"

1930年11月，麦克阿瑟出任美国陆军参谋长。他一上任就立即摒弃陈旧的管理机制，采取新颖而富有活力的新政策——用机械化装备取代马匹，以提高部队的行动效率；建立统一的采购制度以避免浪费；建立航空司令部以提高空协调度。并且，他还强烈反对裁军，他认为一支陆军可以缺少各种装备条件，这些都不是问题，但如果一个军队缺乏训练有素和指挥有方的军官，那么将注定战败。这个理念也十分符合他一直以来的行事风格："……胜利与失败的不同，全在于有无干练而有效率的军官队伍。”

麦克阿瑟以其干脆果断的处事风格不仅为自己赢得了身份与地位，同时也赢得了他人的信任。在1933年罗斯福出任总统后，他依旧被委以重任，继续担任陆军参谋长。

我们知道麦克阿瑟年纪轻轻就拥有了多个“史上最年轻”的特殊荣誉，这并非靠运气，也绝不是偶然，是因为他在平日不断将自己干脆利落的性格特点贯彻到他所能触及的所有领域当中去，同时还直接或间接地影响和感染了身边的人，进而使自己所在的团队甚至是阶层一次又一次地打了漂亮的胜仗，获得无数个“第一”。

这种“狼”一般的处事风格，让他在面对各种难题与关卡时从不惧怕，而是一旦瞄准目标，就“稳、准、狠”地予以出击，每次他都能抓住最佳时机，获得最大的利益。

那么，要如何做才能像麦克阿瑟一般具备“狼”的性格呢？

首先要明白，有很多命令得不到有效的实施，其主要原因就在于执行不力。所以，**领导首先要做的就是：先对自己高标准、严要求，然后再将命令立即执行，决不拖延，没有商量的余地。很多团队最初并没有办事不利、拖泥带水这样的缺点，他们往往是在“有一次就有两次”的情况下养成了这种习惯。**

其次，领导具备了立即执行的魄力还不足够，还需要更重要的一点来加以辅助，这就是贯彻执行力——将命令百分之百地执

行，不能讨价还价。

在执行命令后，任务完成的速度和质量也是极为重要的一点。只有每个人都保质保量地完成任务，才能谈团队如何前进如何发展。如果连基本的命令都做不好的话，那么团队的前景可想而知。

有句话说“没有执行力就没有竞争力”，这话不错。我们可以放眼周围，那些功成名就、春风得意、平步青云的人，他们通常在办事时绝不拖泥带水、不画蛇添足，他们的相同点都是拥有绝对的气魄和办事能力。如果能培养自己这种“狼”一般的性格，不仅能完美地完成任务，还能更快地实现自我价值，这样你离成功的顶点也将越来越近。

行动指南

成功者全力以赴，普通人尽力而为。严格要求自己，牢记想要实现的目标，无论何时都要做到全力以赴，而不只是尽力而为。一个出色的领导要先为下属做出榜样身先士卒，进而再影响和感染下属，营造团队的奋斗气氛。然后，再将每一个命令毫不迟疑、百分之百地贯彻到底，这样才能带领整个团队走得更远、更长久。

美国前总统格兰特：

从小事做起，小失误也会酿成大问题

避免一切小小的失误，就能减少巨大的意外挫折。

——美国前总统尤利西斯·辛普森·格兰特

对于大多数人来说，生活主要是由无数件小事堆积而成的，无论这些小事有多么不起眼，对他人而言有多么毫不相关，我们都要仔细审视、做好它们。有句警言说：“细节决定成败。”其实这句话还可以扩展为：所有与目标有关的细节都决定成败。如果我们自身都无法做到重视它们，进而好好地去经营它们，又如何能实现人生的理想呢？

海因里希法则提出：“重大事故、一般事故、未遂事故的比

例关系为1:29:300，呈金字塔状排列。”由这个比例关系可以看出，1个小事故不加以重视，当它们不知不觉积攒到300个之多的时候，就有可能形成一般事故，进而是重大事故。可见，小事故就是形成这个金字塔的塔基。任何事物都有可能出现失误，例如平日没有考虑到的、没有留意到的事情，都有可能成为最后成败的关键。所以要想杜绝这种不必要的损失，顺利达到自己的既定目标，就必须从每件小事做起，尽力缩小塔基。

老子曾说：“天下难事，必作于易；天下大事，必作于细。”一个人想要建功立业，就要静下心来从最平常最细微的小事做起，只有尽心做好每一件小事，迈出去的步子才能更加稳固和坚定。如果连小事都不屑去认真做好，只想着“一跃龙门”，也就是我们平常说的眼高手低，是很难成就大事的。

同时，即使你已经平步青云，也不可因一时激奋而忽略细节作用。**伟大的哲学家柏拉图早在几千年前就已经明确指出：“对于将军或政治家来说，如果只注意大事而忽略小节，他们的结果也不会太好。因为如果没有小石头奠基，就没有大石头的长久稳固。”**

美国历史上第一位西点总统格兰特之所以能够在众多英杰中脱颖而出，正是因为他平日注意完善每个细节的特性。如今的西点学子们更是将他的“避免一切小小的失误，就能减少巨大的意外挫折”奉为至理名言。然而，还有一句话用在他身上也格外合适，那就是“成也细节，败也细节”。

尤利西斯·辛普森·格兰特，原名海勒姆·尤利西斯·格兰特，于1822年出生于美国俄亥俄州的一个小业主家庭。他的父亲是一位皮革商人，按当时的社会风气来说，他长大后原本应该子承父业，但他的父母开明地认为儿子可以拥有一个不同的未来，所以，格兰特的母亲便委托老友——国会议员托马斯·赫穆为他写了一封西点推荐信。但这位议员在写信时却记不清格兰特的名字，于是就自作主张把格兰特母亲婚前的旧姓——辛普森加了进去，由于西点军校是不允许任意更名的，所以也就出现了今日我们所熟知的尤利西斯·辛普森·格兰特。

格兰特曾在自传中坦言，他进西点的初衷是为了多读书，他的理想就是安分地做一名教员。不过虽然在校成绩平平，但他于1843年毕业的那一年，却恰逢步兵团缺少人手，最后这位“不想当将军的士兵”竟被分配到第四步兵团当了一名少尉军官。

1846年，美国发动了对墨西哥的战争，格兰特所在的第四步兵团奉命南下作战。虽然格兰特本人反对这场战争，认为这是一场非正义之战，但在战场上，他还是尽心尽力作战，履行了一个军人的职责。到1848年战争结束时，已经晋升为中尉的格兰特返回美国，娶妻生子。1953年，他又晋升为上尉，被调往加利福尼亚州和俄勒冈州驻防。

远离家庭的军旅生活是单调而乏味的，在这段“毫无生趣”的时光里，他开始沉溺于酒精。当时的军官们普遍以饮酒为乐，格兰特并不算异类，人们甚至认为，喝酒是拉近战友关系的好帮手，不仅加深了相互间的感情，还缓解了思乡之苦，只要不惹是生非则无伤大雅，再说有哪个男人不喝酒呢？但是，倒霉的格兰特却遇到了一位对军官要求极为严格的上校，此后，一切都改变了。那位上校认为：军人应该秉持端正的生活作风！这种坏习惯持续下去军队会被毁了的！

格兰特因酗酒多次受到上校的训斥，最后还因此导致自己后来的辞职。虽然也有记载说是上校勒令他辞职的，但不管过程如何，格兰特的第一段人生算是败在了酒精上，这一点毋庸置疑。

辞职后，格兰特虽然因与家人重逢而喜悦，但再次单纯依靠务农为生，显然这大大加重了他们的生活压力，于是他开始转行经商，但也没有任何进展。直到南北战争爆发成为格兰特时来运转的契机。

格兰特的妻子朱丽亚十分了解丈夫，认为他天生就是做一名军人的料，于是便百般劝说他再次从军。最后，格兰特自愿做征集志愿兵的工作，这期间曾有人推举他做志愿兵连的连长，但被他婉言谢绝。后来，州长看到格兰特的组织能力其实是很强的，但就是还没从骨子里使劲干事业，所以便故意将他调去一个以“难管”闻名的营当营长，希望他在这次磨炼中培养起真抓实干、不放过每一点瑕疵的领导品格。

“难管”营自然是难管的，看到这么严峻的工作安排，格兰特也明白了州长的用意。他知道如果自己连散漫的坏习惯都不能克服的话，自己可能一生都不会有任何起色了。如今，有一大帮懒散的士兵和一个懒散的自己，该怎么重振士气呢？空喊口号一定不行，不如从小处着手，从细节抓起，把所有的安排、计划都细节化，这样管理、考核就会变得容易，而且完成一个个的小目标也比一下子要求大家完全改变容易得多。

所以，到任后，格兰特立即采取各项措施加强营内的纪律，但并非马上对士兵下硬性规定，而是从一些小细节入手，例如要求士兵着装整洁；每日出操必须井然有序，不可像以前那样自由散漫；逐渐管制营内娱乐，如对饮酒、打牌等都做出限时限量的规定，而不是一味取缔等。士兵们平日懒散惯了，虽然会对这些改革产生情绪反弹，但因格兰特的着手点甚为细微，并且以渐进方式逐步展开，等人们适应一项改革之后再开展另一项改革，所以也慢慢为人所接受。不久之后，这个营的精神面貌为之一新，指挥官非常高兴，便对此营委以重任，令其开赴前线。

在田纳西战场上，格兰特虽然立下不少功劳，但却差点因一个小失误而险些丧命。

那时，格兰特连打两场大胜仗，一举拿下重镇维克斯堡和查塔努加，这不仅为联邦军队肃清残敌打下重要基础，更为他自己镀上了一层胜利光环。但正当格兰特一门心思前进时，他却忘记了行进时要“时刻回望身后”这一重要准则，结果在原本高兴的归途中，他们的部队遭到了朗斯仅仅2万士兵的奇袭，这次的失败是格兰特在西部战场上的唯一一次失败。虽然在这之后，格兰特还是依靠兵力优势保住了阵线，但这件事还是成为他的一大憾事。他在晚年也曾自嘲道：“假若在那之前我愿意回首来时路，也就不会造成这个军旅生涯的污点，同时也不会让战士们平白死去了。”

不过，忽视细节小事而带来重大损失的事情并不止一次。

1869年，时年46岁的格兰特出任美国第十八任总统，不过，虽然他还算是个出色的军人，却并不见得是一位合格的总统。

在他任职期间，美国西海岸的旧金山和洛杉矶曾发生两起严重的反华排华事件。出于个人狭隘的考虑，他对这两起事件都采取听之任之的态度，觉得这点事情不足挂齿，所以并未重视和严肃处理，同时他对南方叛乱也采取了姑息政策，这种做法直接导致了后来南方种植园奴隶主的复辟，令联邦政府头痛不已，也使得格兰特的威望日渐低迷。

在组织内阁上，格兰特任人唯亲，因此，各个政府部门的“要员”毫不意外地卷入各种贪污受贿事件，激起民愤。格兰特原本大怒，勒令定要严肃处理，但一看到处理名单上那一列熟悉的名字时，态度便顿时软了下来。

晚年的格兰特甚至连属于自己的家都没有，他和妻子四处以旅行为生，凭借自己前美国总统的身份受到各国的殷勤款待。当他在晚年回忆起自己的戎马生涯时，曾心生无限感慨：“年轻的时候我总是对各种小细节格外留意，如果有一样没有做到位就觉得过意不去，所以我才能把各项事务做得尽善尽美。可没想到后来，反而是我自己慢慢放弃了这个可贵的品质，导致晚景惨淡。细节，是我的幸运，也是我的不幸。”

格兰特因其注重细节、抓小事的严谨作风而开辟出自己的人生道路，同时又因栽在某些在他看来微不足道的小事上，惨淡结束了他的政治生涯。但对后世的人们来说，格兰特却是一个完美的标杆，因为他正是从正反两方面精辟地诠释出了不同的选择所导致的不同结局。

如今是一个以细节取胜的年代，在我们的工作与生活中，没有一件事是小到可以忽略不计的，诸葛亮说“勿以善小而不为，勿以恶小而为之”，说的就是世上无小事，不能因为自己心中将其认定为小事，就以轻视或不屑的态度对待；同样的，也不能因为觉得“那只是件小小的亏心事”就放任自己恣意妄为，格兰特因任人唯亲而受到的教训就是最好的写照。如果我们能从细节方面着手，深入管理，不仅能防微杜渐，还能大大提高实际效率，开创新的思路源泉。

行动指南

古语说“千里之堤毁于蚁穴”，正说明了注重细节的重要性。个人与集体要想有所成就，都离不开细节，细节往往蕴含着被人忽视的许多机遇，也有可能隐藏着一些灾祸。一个成功的领导者要学会审视和注意平时被他人忽略的小事，将其一件件串联并重视起来，才能从中挖掘鲜为人知的机会，避免可能发生的灾难。

西点第一任校长乔纳森·威廉姆斯：

停滞在现有水平就等于倒退

有时候，阻碍我们成功的主要障碍，不是我们能力的大小，而是我们的心态。

——西点第一任校长乔纳森·威廉姆斯

有句谚语说：“虚心使人进步，骄傲使人落后。”虽然在生活中，骄傲与“停滞”之间不能画等号，但若体现在管理层面上就没有太大差别。

有不少类似的事例充斥在各个领域，某些领导者取得成就后，便沉迷在喜悦之中，终日抚摸着自己那一小圈光环沾沾自喜，却没有看到，就在他对昔日辉煌留恋不已的这段时间里，别人很可能已经积极进取，完成了各方面的超越。可以说，就在你满足于现状的时间里，别人却一丝不苟地前进着，等他们走到自己的顶点时，你的成就在他们眼中不过是迈向成功的小小阶梯而已。

还有一些人，他们在面对困难时不敢突破，于是便缩在壳中以求保持原样就好。西点军校第一任校长——乔纳森·威廉姆斯曾教导西点学子：“有时候，阻碍我们成功的主要障碍，不是我们能力的大小，而是我们的心态。”

我们可以把挫折比喻为跨栏，在起跑前，总会觉得它又高又可怕，所以常常有人在逼近跨栏时，自己先停住了脚步。可是，如果你硬着头皮跨过去的话就会发现，这道栏其实并没有想象中那么高大，只是我们自己在面对它时先畏缩了，于是在心理上给自己设了一道栏，想象着“它一定很难跨过”，自己的心态不正确，那么无论这道栏有多么矮，我们同样还是跨不过。

所以，这体现在管理上则是，如果长时间采用陈旧的管理机制，不能审时度势地加以改革，就势必会被潮流大势所抛下。

西点军校的历史几乎和美国历史一样悠久，两百多年来，它向美国社会输送了几千名杰出人才，其中，西点军校的第一位校长是一名自学成才的岸防筑垒工程师，他就是乔纳森·威廉姆斯。

威廉姆斯于1751年出生于波士顿马萨诸塞州的一个富商家庭，他的叔父是大名鼎鼎的美国资产阶级启蒙思想家和政治活动家、著名的《独立宣言》和美国宪法的起草者之一——本杰明·富兰克林博士。在叔父的影响与引导下，威廉姆斯从20岁起便步入政界，不断来往于欧美两洲。也就是在此期间，他认识了后来的美国总统杰斐逊，也为他将来成为西点校长打下了基础。

1802年，在杰斐逊的执意坚持下，美国国会通过了“成立陆军工兵部队”的法案，该部队将驻扎在纽约西点成为一所军事学校，这就是西点的诞生。随着西点的建立，作为西点的第一任校长，威廉姆斯立即走马上任。

西点在成立之初着实度过了一段黑暗时期，当时的正式学员只有10名，不要说教材和设备特别简陋、课程很少，校方连具体的教学计划也没有制订，学生们因为无人管束更是自由散漫。威廉姆斯曾将它形象地称为“弃儿”：“勉强生存于荒山之中，寄养在人烟稀少的远方，独自成长，几乎不为其生身父母所知。”威廉姆斯看到学校的生存状态，颇为心急，他也为学校的前景想了很多。虽然学校成立的初衷更多注意部队的作用，但威廉姆斯认为，既然成立了这个学校，就一定要努力把它做好，不能仅保持国会所赋予的特性。于是，他展开了一系列的改进措施。

首先，威廉姆斯通过增设学校课程、向银行借贷以筹集教育资金打开了西点的生存之路。然而仅这两项举措并不能拯救西点，还有更多的难题等待着威廉姆斯解决，其中最严峻的一个就是当局的“想当然指挥”。

1803年，威廉姆斯向陆军部长亨利·迪尔博恩描述了学校发展所遇到“令人忍无可忍”的问题：“工兵部队的军官们既被要求去建造美国的海防工事，同时又被要求去将一所陆军军校组织起来。让10个人去完成100个人才能完成的事，是绝对不可能的！”他还激动地表示：“除非扩大军校规模！”

基于这种现状，威廉姆斯提交了一份分析报告，甚至提出“将学校迁址华盛顿”的意见。因为不同政党间的势力相互牵制，这份报告毫不意外地被否决了。但在1804年，国会通过了将军校学员数目提高到156人的上限，这已经是国会所能做出的最大让步。

1812年，为了回应英国的接连挑衅，美国宣布正式向英国开战。由于美国政府对西点军校的不重视，导致军队中极为缺少高素质的军官，可以说正是这一点影响到美军在加拿大边境的接连失利。这种局面一直持续到战争后期，美国才稍微缓过气来。当战争结束后，西点军校重新受到了美国总统和高层的关注，这也成为它向高层进步的重要机会。

国会通过一项重组军校的法案，该法案注明“学员必须从某个从事学术的教员那里得到正规学位”，它成为日后建立学术委员会的基础。并且，国会还把军校学员的人数提到了250人，对申请入学的人群也仅做出“年龄14～21岁、熟练掌握读写和算术能力”的限定，这个条件远远低于当时美国其他大学的录取条件。

威廉姆斯抓住这个机会，重新激活“美国军事哲学协会”对西点的作用，将该协会渗透到西点的日常教学中，其目的是促进军事科学和历史的研究。虽然顶着这样一个看似与西点无关的头衔，但威廉姆斯在该协会的章程规定中运用了一些小技巧，如“协会在西点军校的任何地方均可举行学术集会”、“任何男性、军人或非军人都可入会”、“每月的第一和第三个星期一召开会议，假期除外”等。这样做不仅慢慢将散漫惯了的学员们的积极性调动起来，固定举行集会的规则也保持了他们对军事研究的兴趣、对与各国先进的军事知识的充分了解，最重要的是，“任何男性、军人或非军人都可入会”还吸引了许多普通人加入，以扩大西点的受众规模。这条举措是明智而有效的，西点从此开始真正走上正轨，从一个“草台班子”变为众人瞩目的正规军校了。

现在，先让我们回头看看最初的西点，它之所以成立，不过是因为美国政府想要成立陆军工兵队，可以说，它当时的存在感并没有现在那样明显。威廉姆斯出任它的第一届校长，可以说是西点的幸运，也是威廉姆斯的幸运。

威廉姆斯原本可以遵循军界的意愿，任由这个学校自生自灭，这对他来说没有任何损失。但他担负起了一个校长的职责，带头改革，为西点寻找各种出路，甚至接连向高层进谏，并且不断进行各种项目改进和设施完善，最终促使西点成为当今世界最著名的军事学校，同时也在历史上为自己留下了光辉的一笔。

而作为一个领导者，只有像威廉姆斯这样，自己先带好头、做好榜样，才能赢得下属的信任与追随。每个领导者心中的既定目标都各不相同，或大或小、或高或低，如果我们完成了这个目标，躺在功劳簿上为自己庆祝也并非不可以，只是我们要有一个危机意识：当我们还在为已成为过去式的成就而陶醉时，我们的对手或许已经超前很远了，而这种暂时的休养在别人眼中恰恰变成了落后的表现。

有句话说“不想当将军的士兵不是好士兵”，同样的，**不思进取的领导也是无法成功管理和带领自己的团队的。只有永远不满足于现状，对自己提出更大的挑战，才有可能不断地向上突破，保持不败之位。**

其实，身为一个领导，本身就代表着要放弃安逸、舒适的生活，领导需要随时应对外界的打击与威胁，下属在面对危机时需要你的带领，在面对成功时还需要你全新的指导，所以，无论是在哪个层次，领导都没有时间让自己恐惧或是沾沾自喜。

所以，领导者应该给自己制订更具挑战性的计划或任务，并不时保持该内容的更新，以产生更多的动力去追逐更遥远却更有意义的事物。应凭借不断的前进来激发自己内在的潜力和进取精神，这样才能在永不停歇的前行中保持领先地位。

行动指南

遇到困难要敢于面对与克服，不能因恐惧而做一只鸵鸟，将头埋进沙中不闻不问；完成任务时要先从中汲取经验，并紧接着制定下一个新的目标。不要因为挫折或成功而开始向往安逸的生活，只有不断进步不断前进，才能不被他人超越，立于不败之地。

太空人怀特：

虚荣的人注视眼前的成绩，伟大的人注视长久的事业

过于注视眼前的成绩是没有未来的。

——太空人爱德华·怀特

世间一切事物都是以持续发展的状态存在的，无论是个人的事业，抑或是个人的一生，都是依靠发展而诞生、繁荣……地球也正是在46亿年间不断发展，从无到有，从冷冷清清到今日的忙忙碌碌。一切事物若停滞不前，就会因逐渐失去活力而萎缩。试想，倘若生物进化仅满足于从海洋走向陆地这一成就，也就不会有如今人类社会的空前壮大了。

纵观国内外在各个领域取得成功的人们，他们无一不具有

积极进取的发展观念：在取得阶段性成就时，他们通常并不满足于眼前的成绩，而是潜心投入到下一个目标之中，以谋求更大的发展。可见，如果因眼前的成绩兴奋不已，忘记未来发展的重要性，那么即使在短期内拥有业界的高端地位，最终也还是会因缺乏后劲而被他人抛在身后。

第一位完成太空行走的宇航员爱德华·怀特就是一位怀有远大志向的人，他原本已在美国空军拥有中校的头衔，凭借出色的专业知识和工作经验，他可一生衣食无忧。但他认为人的潜力是无限的，他想看看自己的弹性空间有多大，可以发展到什么高度，所以便一直不懈努力，最终成为百里挑一的宇航员。

怀特曾说：“过于注视眼前的成绩是没有未来的。想成为更伟大的人，就必须将目光放在更长久的事业上。”

爱德华·怀特于1930年出生在得克萨斯州的圣安东尼奥。爱德华在童年时代就天资过人，在考试中总是拿到最高分，所以也时常成为师长教育其他学生的榜样，他也为此感到非常骄傲与自豪。

有一天，当怀特再次抱着满分的试卷回到家时，他的父亲看到儿子脸上那份兴高采烈，立刻明白了是怎么回事。

“爸爸，看，”小怀特向父亲得意地举起试卷说，“又是满分！”

“你真棒，我的孩子。”父亲慈爱地看着他，也为拥有这样一个出色的儿子而骄傲。

"老师又把我当做范本来表扬了，我是不是很厉害？"怀特的小脸洋溢着自鸣得意的光芒。

父亲看到儿子沾沾自喜的样子却没有笑，反而陷入了沉思。良久，他像忽然想起什么似地对儿子说："你母亲刚刚做好你最爱吃的奶油蛋糕，我们一起去吃吧？"

小怀特听说有甜点做鼓励，立即带头跑进屋内。

可父亲仍旧是一副不慌不忙的样子。只见他取出蛋糕，然后切成大小不等的三块，对怀特说："现在有一块大的两块小的，我只给你一种选择，要么吃一块大的，要么选这两块最小的，你要选哪个呢？"

怀特理所当然地说："当然是最大的那块了！"说完他抓起蛋糕，风卷残云般吃个干净。此时，父亲却拿起最小的一块蛋糕吃了，于是父子二人其乐融融地去吃晚饭。

晚间，怀特又感到有些饿，便想起那块剩下的蛋糕来。父亲拿出蛋糕，在怀特面前晃了晃，随后大口吃了起来。怀特惊呆了，不明白父亲的举动是何道理。

父亲看着儿子那难以置信的表情，不禁笑起来，说："这蛋糕就好比我们处事的方法，从表面上看你的确拿到了最大的那块，并为此沾沾自喜，却看不到两块小的才能使你的满足感更加长久啊！"

怀特一下子明白了父亲的用心，他恍然大悟说："所以，考试也是这样。高分只代表过去的成绩，我应该把目标和满足感放在更长远的前方，是吗，父亲？”

父亲摸着怀特的头，欣慰地笑了。正是晚间一段简短的谈话，成为了爱德华·怀特日后不懈努力的箴言。他明白，如果想取得更高、更辉煌的成绩，仅仅满足于现状是绝对不行的，他必须前进再前进，才能走得更远、更高。

后来因一次偶然机会，怀特对飞行产生了极大兴趣。某天，他走在回家的路上，一架巡航战斗机从他头顶呼啸而过，那时正值夕阳西下，战斗机在落日中的剪影深深震撼了他的心。从那以后，他便立下成为一名飞行员的志愿，决定在未来的某一天也一定要坐在飞机上欣赏故乡的夕阳。

此后，怀特投入了更加努力的学习，几年后，他凭借坚强的意志与坚韧不拔的决心，终于考入梦想的西点军校。西点的生活虽然清苦，却使他学到很多生活的真谛。西点教会他必须不停奋斗才能实现价值，同时也将父亲在他童年时给予的“蛋糕启示”更加直观而明显地解读出来。

1952年，怀特在西点军校获得科学学士学位，1959年，他又在密歇根大学获得航空工程硕士学位。他还成为了美国空军的中校，飞过F-86以及F-100喷气式战斗机，成为一名出色的试飞员。在军队中，他成绩斐然，拥有3000小时的战斗机飞行时间，其中有2200小时飞的是喷气式战斗机，这使他在士官中拥有很高的威望。怀特的少年梦想终于实现了。

但随着美国科学技术的飞速发展，怀特已不满足于作一个翱翱于蓝天的飞行员。从20世纪50年代开始，美国开始大力发展航天事业，遨游太空打开了世界的又一扇窗，而这扇窗也同时成为怀特的新梦想——夕阳他已经看到了，现在，他想到地球以外的地方去看那里的星星！

于是，怀特开始潜心钻研航天知识，参加各项严酷的训练，在1962年，他入选美国宇航局第二组宇航员，成为双子星4号的驾驶员，他终于如愿以偿地飞向了太空。

然而就在美国大张旗鼓搞航天的时候，苏联也不甘落后，他们一鼓作气，直接让列奥诺夫完成了太空行走。这一消息可把美国航天局和总统气得不轻。1965年6月，约翰逊总统更是露骨而直接地表达了自己的强烈不满，称美国航天局“落在别人的屁股后面”，于是，美国宇航员的太空行走迅速被提上议程。

成为美国历史上第一位太空人，无疑是宇航员职业生涯中的一大荣耀，更是个人价值的最高体现，所以，争夺这一名额的竞争异常激烈。怀特凭借自己在空军时积攒下的雄厚实力和后来努力进修的过硬的知识技术，毫无悬念地得到了这个机会，美国太空总署在各方压力下，最终将爱德华·怀特送上太空。

1965年6月3日，怀特离开格米尼4号宇宙飞船，在全世界的仰望下，在太空中漂浮了创纪录的21分钟。美国人民为之沸腾了，美国人终于完成了太空行走，并且比苏联人的时间还要长，这是多么令人自豪的喜讯！后来，当怀特谈起那段经历时，他风趣地说：“尽管有一根缆索将我与飞船连在一起，但地球终于有了一颗会打高尔夫球的卫星。”

在深远而广阔的太空中，怀特仅靠一根绳子拴住身体，在地球上空自由移动。尽管地球每小时旋转达17 500英里，但他对这么快的速度一点感觉也没有，也没有产生下坠的感觉，只有一种成功后的满足感满溢在心中。

然而，世事无常，1967年1月27日成为美国航天史上永远的伤痛。这一天，怀特与两位同事在原定于1967年2月发射的阿波罗1号中进行例行测试，指令舱出人意料地突然发生火灾。仅仅15秒，舱中的三人全部遇难。

怀特死后被以军礼规格安葬于西点军校。1997年，他被追授国会太空荣誉勋章。

过于注重眼前的成绩是没有未来可言的。每个人在成长奋斗的过程中，都会取得或大或小的成绩，可如果我们陶醉在成绩之中，忘记了人生很长、目标很多、道路还很远这些更重要的事，那么就没有未来可言。这就好比爬山，半山腰的风景固然很美，而如果我们在此流连不已，放慢前进的脚步，又如何能体会到“一览众山小”的雄壮之美和“登顶第一人”的优越之感呢?

所以，作为团队的领头人，作为一个带领下属们前进的领导，必须将沿途获得的一个个成绩看作是对自己的激励与肯定，不为成就而止步，不为褒奖而自满，不让荣誉成为前进的累赘，每完成一个目标就再制定一个更高的目标，一步一步踏实地走下

去，这样才能成为登上山顶的人。

行动指南

分期制定目标计划，给自己创造一个向上或前进的阶梯。当你每完成一个目标时可以欣喜，但同时还要看到后面的阶梯还在等待你继续攀爬。沉溺于荣誉的领导不是合格的领导，只有永远不满足于自己所获得的成绩，才能不断进取，保持领先。

魔鬼悍将谢尔曼：

我们一定要清除和摧毁一切障碍，只要我们觉得有必要

我们一定要清除和摧毁一切障碍，只要我们认为有必要，就杀死每一个人，夺走每一寸土地，没收每一件财物。一句话——无情地摧毁我们见到的一切东西……

——魔鬼悍将威廉·特库姆塞·谢尔曼

每个人在一生中都会遇到各种障碍，这些障碍或许会成为推动我们前进的催化剂，也可能会成为使我们一蹶不振的陷阱。毫无疑问，每一个领导都希望自己的团队永远充满活力与激情，也希望自己能够一直走在时代前沿。但是，如果缺乏扫清障碍的执行力的话，这些理想都是空谈。

回首往昔，众多出色的领袖无一不拥有极其强悍的执行力，近有强势二度回归苹果的乔布斯，远有著名西点毕业生、被称为“魔鬼悍将”的谢尔曼。

威廉·特库姆塞·谢尔曼是美国南北战争中的联邦军将领。他于1820年出生在俄亥俄州的兰开斯特。1840年，他从西点军校毕业后，便开始在各地服役。由于他在1853年之前的这段期间表现平平，既无奖赏也无升迁，所以对今后的军旅生涯能否持续，他自己也感到非常悲观。最后，他辞去军职转而投入其他行业，但多以失败告终。

他曾经在军队中结交的好友布雷克斯顿·布雷格见他生活困窘，便推荐他到艾奥瓦州的一所军事学院担任教员，至此，谢尔曼才真正迈入了人生的正途。凭借天生对军事与教育的热爱，加上他本人宽宏大量、耐心热情的讨喜性格，他受到许多学生的欢迎。在这所学校里，他不仅让自己的才华崭露头角，同时也结成了强大的人脉关系网，这对他后来在军队中建立威信起到了相当大的辅助作用。

其实，谢尔曼在南北战争中表现卓越，也赢得广大联邦士兵的赞誉，但即使在如今的美国社会，对当年谢尔曼所指挥的那些战役也是有一些争议的，原因就在于那段历史太过血腥。

1862年，谢尔曼被任命为孟菲斯军官区总司令，主要负责对南方军队所驻守的威克斯堡发动进攻。但联邦军队兵力不足，使战争陷入僵持局面。由于伤亡惨重，同时长时间的拉锯战耗光了联邦军的耐性，谢尔曼眼看威克斯堡唾手可得却前进不得，一怒之下下令摧毁威克斯堡所能看见的一切目标。霎时间，数百门重炮一致对准了军防工事，甚至是平民宅邸。战争的结果是惨烈而令人毛骨悚然的，接连数月的猛烈炮击将威克斯堡夷为平地，就连无辜的平民百姓也被炸得粉身碎骨、灰飞烟灭，以“人间地狱”来形容丝毫不为过。

一些仁慈的北方妇女得知此事后，纷纷指责谢尔曼铁石心肠，她们认为平民没有任何罪过，根本不需要为战争付出生命的代价。谢尔曼面对这些指责时，说出了一番震撼人心的话：“我就是要让整个佐治亚州都鬼哭狼嚎！我就是要让整个佐治亚变成地狱！我就是要让所有佐治亚人——不管男女老少，不管穷人和富人，都感受到刻骨铭心的痛苦！我的军团将毁灭佐治亚州而后快……如果人们觉得我残酷和残忍的话，我就会告诉他们，战争就是战争，它的目的并不是要博得人们的好感！战争就是地狱！如果你们想停止这一切、想要和平的话，你们和你们的亲人就应该放下武器停止这场战斗！”

谢尔曼可不是仅凭一时痛快喊出豪言壮语，说说就忘的人。

1864年秋，谢尔曼率兵攻入佐治亚州，占领了亚特兰大。进城后，谢尔曼立即向当地市民发出通告，要求所有民兵缴械投降，所有市民离开城区，他——谢尔曼将军将会在联邦军离开这里之前焚城。

故乡对所有人来说都是心底最柔软最重要的所在，许许多多的亚特兰大市民不愿看到自己的故乡被付之一炬，齐心表示要与亚特兰大共存亡。或许他们认为，联邦军会顾及生命的尊严而有所顾忌，但他们错了——联邦军在谢尔曼的指挥下，旁若无人地将焚城行动进行到底。他们无视老弱妇孺的苦苦哀求，沿着每一条街道纵火，大火迅速蔓延至全城，成千上万的市民就这样淹没在火海、绝望和挣扎之中。但这还没有结束，联邦军还对撤出城区的亚特兰大市民下达铁令："若发现企图救火者，一律格杀勿论！"这场大火足足燃烧达半个月之久，人们眼睁睁地看着自己的家园被火焰抹杀，无能为力，只有神父绝望地为那些葬身火海的冤魂祈祷、送行。

"我就是要让整个佐治亚州都鬼哭狼嚎！我就是要让整个佐治亚变成地狱！我就是要让所有佐治亚人——不管男女老少，不管穷人和富人，都感受到刻骨铭心的痛苦……"每个人的耳边都回荡着谢尔曼的这段宣言，他的确做到了，而且做得相当彻底。

虽然这场焚城行动残忍无道，甚至无人性可言，但它的确大大推进了联邦军取得最终胜利的脚步。如今，亚特兰大城依然存在于美国版图，但如果你想一览旧址风光，必须乘坐下降梯才能实现——也就是说，现在的亚特兰大是一座重建的、全新的城市，而老亚特兰大已经被历史埋在了地下。

在谢尔曼看来，要想尽快结束这场内战，就必须对南方政府和人民"一锅端"，否则，留下哪一样对未来都是祸患。为了彻底扼杀南方人民反抗的念头，他开始实行"三光政策"，谢尔曼军所到之处皆是一片惨不忍睹的景象，他们焚毁所有的房屋，炸掉铁路，杀死所有牲畜和有反抗情绪的南方人，他们被人们恐惧地称为轧路机，连一草一木也尽数摧毁。这其中以萨瓦纳最为著名。萨瓦纳曾是一个非常美丽的港口城市，却被谢尔曼戏言为“要送给林肯总统”的圣诞礼物，而最终变为一座死城。

之后，谢尔曼更是将他的铁血政策一路贯彻，直到最终回到北方，在这期间，他一直将自己所说的话作为执行准则：“我们一定要清除和摧毁一切障碍，只要我们认为有必要，就杀死每一个人，夺走每一寸土地，没收每一件财物。一句话——无情地摧毁我们见到的一切东西……”没有任何疑虑和动摇。

谢尔曼在这场战争中所留下的影响是深远的，直至今日位于美国南部的查尔斯顿还留有大片被联邦军焚烧过的庄园废墟。而前南联邦总统戴维斯的家乡密西西比州更是遭受令人发指的重创，60%的白人青壮年被杀害，90%的城镇与种植园被焚毁，所有平民的私人财产皆被抢劫一空——战前，该州是全美第五富裕州；战后，它却成了全美最贫困的州，并且这个贫困状况一直持续了一百年仍未得到缓解。

谢尔曼这种令人发指的扫荡和屠杀，在当时的西方世界是极为罕见的。就连北方人民也不禁怀疑，究竟是什么让他对南方人民怀有这样大的仇恨，一定要杀之而后快？难道南方人民就真的罪无可恕吗？谢尔曼将军一语道破天机：“我就是要让南方人和他们的子孙后代得到刻骨铭心的教训，永远不敢再想独立！永远不敢诉诸战争！”只有绝对摧毁敌人的战斗意志和经济基础，才能真正令战争结束。

任何一个渴望成功的领导者，都必须先让自己的心肠硬起来，当然这并不是说不近人情，而是指在执行能力上坚强起来，不要为自己找犹豫的理由，也不要敷衍。**在前进的道路上，哪怕是一个小石子都有可能成为绊倒你的障碍，所以，如果想顺利迅速到达顶点，就必须像谢尔曼将军这样："只要有必要，就要扫清一切可能的障碍！"**

一个团队的效率，以及它是否能够日渐壮大，并不完全依靠它拥有多少成员、有怎样光鲜亮丽的外壳、有如何显赫的背景……而在于它的领导者的执行力度。如果一个领导者做起事来瞻前顾后，唯唯诺诺，又如何能在下属面前树立威信，让人信服于你呢？所以，只有成长为一个雷厉风行、手腕强硬的领导者，才能在奋斗的道路上走得更踏实更长远。

行动指南

领导者要时常亲自参与到具体的企划与行动中，认真体察具体情况，然后酌情进行调整与最终落实。

在执行之时，要尽量做到毫不手软，说到做到，绝无商量或回旋余地，以塑造出一种强势、言而有信的立体形象，这样才能避免下属掉以轻心而反复犯相同的错误。

Chapter 2

第二章 自我管理

我们之所以要管理好自己，是因为我们需要最大化地利用自身的潜能和资源，去工作，去生活，去实现自我价值。对于领导来说，只有把自己管好了，才能去管理别人。

古人云：“正人必先正己，修己才能安人。”一个人，不论他的身份地位如何，也不管他是多么才华横溢，如果缺少了自我管理的才华，就会像个穿上了溜冰鞋的八爪鱼。虽然动作不断，却只是在原地打转。

所以说，自我管理是一门科学，也是一门艺术。

FreeMarkets公司高级副总裁麦考梅克：
要有归零心态

西点军校是特别能打消傲气的地方，在这里，我学会了一切从零开始。

——FreeMarkets公司高级副总裁戴夫·麦考梅克

被旧事物装满的心，是不可能容纳新事物的。所以我们有必要整理、调试自己的心态，让它回归原点。这就是所谓的归零心态。作为一名领导，一旦功成名就，身居高位，就容易产生自满的情绪，就容易目空一切。如果把这种心态情绪带到工作上的话，必然会出现问题。要知道，越是位高权重，肩膀上的担子也就越是沉重。为了避免工作受到不良情绪的干扰，领导者们不妨尝试让心态归零。

心态上的归零，能让我们的错误清晰地浮现出来，使我们有机会看到自己的不足，并去改正。所以从某种意义上讲，归零心态也是自我反省的过程。

而且归零心态不仅是一门学问，还是一门艺术。因为“归零心态”所要求我们的，并不是一味地否定过去，而是要怀着空杯心态，永远保持最初的热情，迎接新的挑战。

FreeMarkets公司高级副总裁麦考梅克，在回忆起自己刚进入西点军校时的情景时说道：“我来到西点后发现，今天你还是一个地方明星，明天你就只是数千强者中微不足道的一个。西点军校是特别能打消傲气的地方，在西点，我学会了一切从零开始。”

青年时期的麦考梅克是非常自负的，而他确实也有自负的资本：在他的家乡，他不仅是当地运动队的头儿，学习成绩也是拔尖的，可谓是个风云人物。1983年，年轻的麦考梅克接到了来自西点军校的录取通知书。同时附赠的还有一封给父母的信，信中写道：“您的儿子选择进入美国陆军军官学校，就是选择做出牺牲，选择忘掉过去所有的成绩，选择一切从头开始。”

当时麦考梅克还不明白这封信意味着什么，直到他提着行李来到西点军校报道时，才真正明白什么叫做放弃过去。一位西点教官对新学员们说道：“在西点，我们首先会剥光你的衣服，但是，我们不会就此罢手，还要把你身上仅有的一点自尊心绞干——在这里，你将失去不受别人干预，自由生活的正当权利。

在西点，你是一张白纸。”

和所有的新兵一样，麦考梅克进入了巴克纳营地——“兽营”。每一天，学长们都会在劳累的训练快要结束时，强迫麦考梅克他们进行俯卧撑、引体向上、深蹲等动作，这些动作一做就是一个小时；有时还会要求他们穿着军装站在炎热的太阳下站军姿，甚至是头朝下倒立在装满水的澡盆里。

在大负荷的体能训练，近乎疯狂的肉体折磨，还有高年级学员随时可能“赏赐”的欺凌下，麦考梅克终于明白，当初那些优越感和满足感是多么的脆弱。而自己过去的那些成就，也根本不值一提。在西点军校，没有人会在乎你是谁，也没有人在意你过去是多么的出色。

在升入二年级后，喜爱运动的麦考梅克加入了学校的足球队，很快，他就凭借着过人的体育天赋成为了队里的主力。在一次和低年级学员的较量中，麦考梅克表现得很活跃，带球、传球，动作干净利落，可当他起脚射门时，球却没有进。之后，麦考梅克的队伍频频进攻，可球总是在最后关头被扑出来。这让麦考梅克很懊恼。

比赛结束后，麦考梅克找到了对方的门将，问他为什么总是能扑出自己的球，难道是自己的水平不够？门将说像麦考梅克这样水准的人，在他的家乡要多少有多少。这样的回答让麦考梅克大为恼火。但他转念一想，是啊，所谓强中自有强中手，自己只是凭借以往的经验就认为自己很厉害，这样的理论根本站不住脚。于是麦考梅克决定放弃自己过去的荣誉、经验，像一个初学者一样重新训练自己的足球技能。一年后，这位门将再也不能扑出麦考梅克的球了。

四年的军校生涯，让麦考梅克脱胎换骨，他从一个自负的毛头小子，成长为一位坚毅成熟的青年。麦考梅克回忆那段受训生活时说道："西点军校送给我一份最丰厚的毕业礼物——归零的心态，这种心态，让我一生受用无穷。"

创办公司后的麦考梅克，抱着归零心态来管理公司，作为领导的他，并不认为自己和其他员工有什么不同，他没有摆出领导者的架势，去指挥员工应该如何做、不该如何做，而是和员工一起努力做。麦考梅克说道："在我不能保证比员工做得更出色时，就不会跟着瞎掺和，而是把工作交给他们去做，因为我在他们身上看到了我所不具备的才能。我必须坦诚地承认这一点。"

由于经济不景气，公司召开一个紧急会议，讨论的问题是提高采购成本还是举行大规模的裁员。在会议上，持各种意见的都有，麦考梅克对此也很是头疼，无论选择哪个，都会给公司带来不小的创伤。这时，一位中层干部提出了建议，并对他的建议充满了信心。麦考梅克也确实从这位中层领导人的理论中看到了闪光点，于是麦考梅克起身，把这场会议的领导权交给了这位下属。事实证明，麦考梅克的做法是正确的。麦考梅克的"主动让权"使公司避免了遭受重创。

随着公司的不断发展壮大，麦考梅克也逐渐上了岁数。他发现，他不能再一一记住员工的名字和相貌，也不再能对各部门的一切了如指掌，这时，他进一步认识到自己不是一个全才。为此麦考梅克很是苦恼，他认为他还有足够的精力奉献给自己的工作。

为了让公司更好地发展，他重新给自己定位。最终，麦考梅克决定：与其对许多工作都蜻蜓点水般地指导一番来显示自己的权利，不如切实地深入研究一个问题更好。这样更有益于公司的发展。于是麦考梅克把他的精力集中在成本控制上。正是他的这种工作态度，使得他的公司经久不衰。

麦考梅克的成功，源于他的良好心态——永不自满。这使他总能认清自己应该处在什么位置上，应该扮演什么角色，承担什么责任，而不是盲目地抓着权力不放。

古希腊哲人芝诺曾经象征性地划过一个圆，圆圈里代表的是知识，圆圈外代表的是无知。他认为一个人越有知识，就越会发现自己的无知。麦考梅克的成功，也是因为他拥有归零心态，麦考梅克懂得，一旦站在了“圈里”，就会永远地被这个“圈”套牢。

在大多数人眼里，能够成为领导，就意味着成功，就拥有了成就和荣誉。这种甜蜜的陷阱，让许多领导沉浸在自我满足的情绪中，忘记了自己要承担的责任和使命。要知道成就越高，责任也就越大。要想挑起领导的担子，只有不断涉猎新的知识来完善自己。

在我国，《尚书》中指出“满招损，谦受益”。坐在领导者的位置上，如果什么也看不见，那就不能叫做领导；只能看见地平线上已经出现的东西，只是平庸的领导；**只有那些能够从迷雾中看到一丝光亮的领导，才是好领导。**要拥有一双慧眼，首先就要擦亮眼睛，不要被自我满足的心态蒙蔽双眼。

生命对于我们来说，仅有一次。在这仅有的一世光阴中，不妨经常让自己的心态归零，选择永远不知满足的自我奋斗的道路。这样，才能让我们的一生过得精彩、充实。

行动指南

对现状抱着审视眼光的领导，不会被眼前所取得的一点成绩迷惑，止步不前。对于领导而言，只有时刻抱着不知满足的心态才能再创佳绩，勇攀高峰。领导者应该给自己制定更具挑战性的任务和计划，以此来激发自己潜在的能力和不断进取的精神！

五星上将艾森豪威尔：接受别人的批评有助于我们的进步

一个人既要有雄心壮志，又不能自高自大目中无人。

——五星上将艾森豪威尔

作为一名领导，对事物不仅要有独到的见解，还要处事果断、有魄力。独到的见解，是依靠经验的累积，而勇猛果敢、有魄力却并不等同于刚愎自用。我们常说“虚心使人进步，骄傲使人失败”，一位肯虚心接受别人建议甚至批评的领导，势必能得到下属的爱戴，带领团队不断前进。

大名鼎鼎的美国西点军校在200年间，不断向社会各界输送人才。他们当中，有的成为将领，有的成为政治家，还有的成为知名企业的总裁。也许有人会有这样的疑问：西点军校不是培养

军官的学府吗？怎么还能培养出政治家和CEO？答案是西点军校向来把对学员领导力的培训放在重要位置。而事实也证明，西点军校的教学理念在其他领域，也确实可行。

西点要求他们培养的领导者，不仅要有刚毅、严肃的硬汉品质，还要有宽容、谦虚的人格魅力，更要有能够虚心接受他人批评的过人勇气。提到这一点，就不得不讲一下美国第34任总统——艾森豪威尔。

艾森豪威尔的一生，充满了传奇色彩。在美国军界首领中，艾森豪威尔出身第一穷，晋升第一快，也是美国唯一一个当上总统的五星上将。在无数权力和光环的背后，他还有着他人很少了解的领导人魅力——谦虚受教。

艾森豪威尔曾说过："无论是谁，在他接受用部属的鲜血、朋友的牺牲挣来的欢呼时，要永远地记住谦卑。"他还说过："我感谢批评我的人，他们指出了我的不足，他们的话鞭策着我不断前进。"

1890年，艾森豪威尔出生在德克萨斯州的一个小县，艾森豪威尔降生时，父亲微薄的工资已经不能维持全家人的生计了。由于家境贫寒，年幼的艾森豪威尔不得不帮补家用，过早地承担重担，这使得艾森豪威尔形成了坚强勇敢的性格。他曾立志要成为一名火车司机，这样就可以驾驶着列车，横跨美洲大陆。

1911年，艾森豪威尔考入了西点军校。严苛的训练不仅锻炼了他的身体，更磨炼了他的意志。在训练中，学校会尽量模拟学生将来在战场上可能会经历的情景，这种训练方式非常残酷，随时都有可能受到重伤。也正因如此，艾森豪威尔深刻地体会到，要取得成功不仅要靠自身的努力，还需要依靠他人的帮助——行为上的互相帮助，可以共渡难关，思想、经验上的互相帮助，能够让自己少走很多弯路。要想少走弯路，就要学会谦虚地接受他人的意见。

毕业后的艾森豪威尔充满了雄心壮志，一直想上战场一展抱负。这时，第一次世界大战已经接近了尾声，艾森豪威尔多次给长官写信，希望能派他上战场，可接到的答复却让他失望透顶。艾森豪威尔被派去担任一个足球队的训练官。可以想象，当时艾森豪威尔的心情真的是糟糕透了。也许，这就是命运对他开的玩笑吧。

一直渴望能够上战场的艾森豪威尔，终于盼来了机会。第二次世界大战爆发了。1942年，艾森豪威尔被任命为欧洲战区总司令，被派驻守英国。当艾森豪威尔怀着激动的心情下了飞机时，他发现并没有预想中的鲜花和掌声来欢迎他，取而代之的是士兵们冷漠的眼神。每一个英国士兵都认为这些“美国佬”只会叼着烟斗吹牛皮。

在一次野战演习时，当演习结束开始进行阅兵仪式的时候，艾森豪威尔点燃了一支香烟，刚刚吸了两口，就被担任演习总指挥的蒙哥马利训斥。蒙哥马利态度生硬地对艾森豪威尔说：“我们正在进行军事演习，不是在开派对。请您熄灭您的香烟。”蒙哥马利坚决的话语和生硬的态度让艾森豪威尔很是下不来台，但他马上意识到自己在正式、严肃的阅兵场合吸烟的行为显得太过散漫，违背了军人一丝不苟的形象，还可能会导致英国士兵误认为这是美国将领对他们的不尊重。于是艾森豪威尔迅速地掐灭了香烟并郑重地对蒙哥马利说了声抱歉。

年底，蒙哥马利又以看病为由向艾森豪威尔提出回伦敦的请求。实际上，蒙哥马利并没生病，而是草拟了一份文件，在他回到伦敦后就立即向报社透露了文件内容。他在文件中以艾森豪威尔在他的戎马生涯中从未指挥过任何一场战斗为由，对艾森豪威尔进行了尖锐的攻击。他说：“艾森豪威尔并不知道战争是什么。他是个只知道舒适地坐在司令部里的悠闲军官，并且艾森豪威尔发出的指挥命令都是毫无意义的。”

和大多数英国士兵一样，蒙哥马利也看不惯艾森豪威尔的种种行为。因此蒙哥马利希望上级能够撤换掉艾森豪威尔。蒙哥马利对艾森豪威尔的抨击，让大家对这两位指挥官的关系产生了猜测，大家都一致认为他们的关系非常不好，进而猜测英军和美军的关系是否会恶化。

得知消息的艾森豪威尔万分震惊，然而震怒的艾森豪威尔并没有对蒙哥马利进行任何处分，也没有在报纸上为自己辩解，这场风波令艾森豪威尔彻底地醒悟过来。他冷静地分析了自己所面临的情况，并对自己的行为进行了反思。

于是艾森豪威尔将更多的精力投入了战况分析和关爱士兵。他经常通宵达旦，谨慎地制订作战计划；在大雨倾盆的恶劣天气下，他亲自去士兵们的营房查看，看看士兵们是否有干爽的衣物替换，是否能吃到热乎的饭菜。

作战前夕，大批的记者对艾森豪威尔进行了采访，当记者问到他有没有信心取得作战成功时，艾森豪威尔坚定地回答道："我相信，在英美两国首脑的领导下，两军携手合作，一定能够争取这场战争的胜利。"记者又问他对蒙哥马利的看法时，艾森豪威尔答道："蒙哥马利是一位具有良好职业修养的将领。我感谢蒙哥马利对我的批评，他的话敦促我改掉了自己某些方面的毛病。"

终于，艾森豪威尔的努力有了回报。艾森豪威尔的做法，使得蒙哥马利对他的态度由讽刺、挖苦，转变为佩服、尊敬；英军也转变了对美军的看法，美英关系变得更加密切。在之后的行动中，这位美国将军，成功地指挥了诺曼底战役，一夜之间声名鹊起。此后，在短短的几年内，他更是不断得到升迁。

担任总统后的艾森豪威尔也没少碰到批评指责他的人，每遇到这种状况时他都会虚心接受对方的意见。每当艾森豪威尔回忆起这些往事的时候他都会感慨地说："我真的很感谢每一位对我进行批评的人，他们让我意识到自己的不足之处。他们的话就像是一条鞭子，鞭策着我前进。"

由此可见，虚心接受他人的批评不仅是一种美德，它还能让我们及时发现问题，避免独断专行。赞美的话人人都爱听，但是请别忘记，鲜花和掌声只是属于过去，能够帮助我们不断前进的是那些逆耳的良言。

而且，做到谦虚受教并不难，也许只是“一念之差”，我们就能走出自我管理的误区：

（1）理解批评的真正含义：所谓当局者迷旁观者清，很多时候自己的某些缺点未必能通过自己的审视来发现，对于自己不能发现的问题，就要靠其他人给出最为直接客观的判断，这种直言不讳的话最难让人接受，但也是最一针见血的。要知道，能够说出这种话的人，针对的是我们的某种行为，而不是人。

（2）固执不如换个角度：团队的发展，离不开集思广益。每个人的经历不同，看法自然不同。当出现与自己观念相悖的想法时，先别忙着否决，想一想这种新想法有没有可行性。换一个角度思考问题，能使我们将其看得更加全面。

（3）谦虚不等于软弱：也许有人会认为，那些所谓的谦虚，其实是一种性格软弱、没有主见的表现。其实，这也是一种严重的心理误区，孟子曾说过：“以力服人者，非心服也，力不赡也。以德服人者，中心悦而诚服也。”所以，**谦虚不代表低下，反而代表不以权利压制下属，让下属心服口服的卓越管理水平。**

一个人，往往成就越高，眼界也就越高，就更能深刻地理解“世界无限，人生有限”的道理，也就越能懂得谦虚。这是一种人生境界，也是一种人格魅力。谦逊可以使平凡人走向成功，使成功者走向卓越。

行动指南

尽管领导和下属的地位不同，但都是集体中的一员。领导应该从心态上跟下属站在一起。认真听取、仔细分析他们所提出的意见，只有这样，领导在面对复杂情况时，才能够综合思考问题、权衡利弊、果断地做出正确决定。

商业大亨兰德·艾拉斯科：从基层做起有助于领导的成长

每一个领导都是从底层做起的，世界上没有人天生就具有管理才能，可以掌管大局、处惊不乱。但卓越的管理才能可以通过训练获得。

——商业大亨兰德·艾拉斯科

如果将一个人、一个组织比作一棵大树的话，不断地学习就是大树的根基。学习是一个人、一个组织的生命之根。根系摄取的养分越充足，枝叶便越繁茂。

作为领导，不仅担负着制定前进方向的责任，还担负着对事件、计划作出决策、激励组织成员、处理组织突发的重大危机等责任。所以，作为领导者，更有必要加强自我学习、锻炼自己，这样才能更好地管理团队，让团队、组织的根越扎越深，越来越强。只有这样，公司才有可能在以后的风雨考验中屹立不倒。

1802年3月16日，美国第三任总统托马斯·杰弗逊签署国会法令，宣告在西点成立“美国军事学院”。著名的西点军校诞生了。200多年来，她培育出了一批又一批杰出军官，成为美国的骄傲和象征。西点军校就是要把她的学员改造成从身体到灵魂如同钢雕铜铸一般不可摧毁的卓越人才。

20世纪中叶，怀抱着梦想的艾拉斯科踏入了他向往已久的圣地——西点军校。入学的第一天，艾拉斯科就意识到自己进入了一个由经验构成的大熔炉里。学校的生活丰富而又复杂，节奏快捷、步调紧凑。

西点人认为：学不会服从，也就学不会管理。学校要求学员把服从训练养成一种本能的生活习惯。为了让学员们学会服从，学校采取“斯巴达式”的训练方式来磨炼学员意志，让他们学会什么叫做服从。

在最初的生活中，艾拉斯科劳累得连思考的时间都没有，但是渐渐地，艾拉斯科明白了，服从绝对不是指机械地完成长官的命令，服从需要在一定限度内，牺牲自己的自由、利益。同时艾拉斯科也懂得了，整体的巨大力量，就是来自于个体的服从精神。他坚信，通过这种意志上的训练，自己终有一天能够成为一名优秀的人才。

西点人非常注重学习。多年来，西点都采取生员排名体系。

西点的排名标准，主要是根据学生的考试成绩、军事训练得分、体育锻炼得分、完成任务得分、个人风貌以及教官评语等方面的综合考量。并且，每隔半年就要进行一次排名。每一个西点人都明白：在西点，没有常胜将军。如果不是第一，就要努力成为第一。一旦成为了第一，也就面临着更多的挑战。在西点，要想让名次遥遥领先的话，必须学会如何把知识转变为能力。

艾拉斯科刚入校时，排名确实不怎么理想。成绩只能算是一般，体能也只是勉强过关，个人风貌更是令人不敢恭维。在风貌检查中，艾拉斯科每一次都有通不过的地方：不是头发没有梳理整齐，就是皮鞋没有擦亮，要么就是军装上有细小的折痕。

艾拉斯科来来回回向班长报告了不下10次，才通过了服装仪容的检查。班长看着艾拉斯科，郑重地对他说道："能够把每一件简单的事情做好，就是不简单。能够把每一件平凡的事情做好，就是不平凡。"这句话可以说影响了艾拉斯科的一生。

在学习上，艾拉斯科不断地充实自己，每天只有在吹响熄灯号的时候，他才会停止学习。同时，在体能锻炼中，他对自己也是高标准，严要求。

时光飞逝，军校的生活就要结束了，在毕业典礼上，艾拉斯科说道："我在这里深刻地体会到，不断地学习和认真做好每一件平凡的事，对于一个人来说意味着什么。"四年的学习、训练，让艾拉斯科养成了认真好学的习惯，同时也形成了脚踏实地、认真务实的品质。

Chapter 2

第二章 自我管理

毕业后的艾拉斯科选择了经商，他进入ITT公司，此时的ITT公司还只是一个中型企业。艾拉斯科成为了该企业的一名职員。他依旧贯彻着认真做好每一件小事的精神。

基层的工作，虽然是最平凡的但却是最重要的。艾拉斯科深深明白这一点。对于工作，他兢兢业业，总能出色完成领导交予的任务。艾拉斯科热爱他的工作，尊重他的工作，从不抱怨工作的艰辛。他不断地在平凡的工作中学习，不断思考着在工作中出现的问题。这种工作态度，使得艾拉斯科的每一步都走得扎扎实实，最终迈入高层。

几年后，艾拉斯科凭借自己的努力，升到了部门主管的位置。一次，ITT总裁为是否以高价收购另一家公司召开了一场专讨会。会上，艾拉斯科提议道："这是一个千载难逢的好机会，虽然已高价收购另一家公司，有可能在短期内使ITT公司的获利能力受到影响，但是从长远的角度看，将会是利大于弊。"

艾拉斯科不仅提出了自己的见解，还为公司提供了理想的收购价格。艾拉斯科的提议，不仅促使公司完成了收购计划，公司营业额一跃千里，他个人在这次会议中也受到领导的重视。

1979年，艾拉斯科担任ITT公司首席执行官。在就职演讲中，艾拉斯科说道："我从基层中上来，认真做好领导交予我的每一件工作。因为我明白，才能是从认真完成每一件小事中锻炼出来的。"

艾拉斯科接手公司后，对公司的管理实施了改革。首先，他要求管理阶层全部去基层“实习”，以求让每一位领导都能更细致地了解企业、了解员工。

其次，艾拉斯科还把西点的排名制应用在企业中。他会根据员工的综合素质来决定员工的职位调动。这样就使得不认真工作，应付差事的情况减少了。每位员工自主去学习，企业风气也随之焕然一新。

艾拉斯科还教育员工完全地服从领导所发出的命令。不允许员工找借口找理由。这就使得领导层的意识，通过下属的服从精神，能很快凝结成一股强大的执行能力，还确保了当个人利益与集体利益发生冲突时，个人能够服从集体。

此外，他还根据公司特点，从实际出发，摒弃了传统观念，让公司走上了一条连续整改、出售和收购企业的新道路。在他的带领下，ITT公司完美地进行了企业分离，并以多元化的生产企业集团的姿态，踏上世界舞台。

我们每一个人，并非生来就拥有一切，懂得一切，而是要靠学习所得到的知识来造就自己，完善自己。正如艾拉斯科，他在西点军校的受训经历，使他了解到，**只有不断学习、充实自己，踏踏实实完成每一件平凡的事，才能成为一个不平凡的人。**

由此可见，领导拥有怎样的素质、怎样的精神面貌，很大程度上影响着，甚至决定着团队、组织今后的发展方向。

孟子曾说：“贤者以其昭昭，使人昭昭，今人以其昏昏，使人昭昭。”这句话意思是说：贤者教导别人，自己必须先彻底明白，然后再去教导他人。如今，有部分领导，自己还迷迷糊糊，就用这些模糊的理论去教导别人。

随着经济、文化的飞速发展，领导提高自身素质已成为必然趋势。为了掌握必备的知识，领导可以养成多阅读、多思考的生活习惯。还可以根据工作的紧张程度，制订适合自己的学习计划，开阔自己的眼界。还可以有针对性地进行充电，认为自己哪一方面比较欠缺，就集中补习这方面的知识。

总而言之，我们的一生都需要学习。而学习却不是最终目的，它是一种手段，一种途径，一种获取知识、经验的方法，是实现自我价值的前提。敢于运用、善于运用学到的新知识，才能有效带动团队的进步。

行动指南

要知道，学习的终极目标是为了提升自身的文化素养，更好地带领团队前进，而知识的海洋是浩瀚无边的，很难做到样样精通，那么，领导者可以尝试，以与自身工作相关的知识和经验为学习重点，提高自身素质修养为学习前提，进行有针对性的学习。

西点状元杨亦周：

领导者的真意，其实就是协助被领导者走向成功

在西点，我学会了多角度看待问题。我认为，领导者的真意，其实就是协助被领导者走向成功。

——西点状元杨亦周

老子在《道德经》里把领导和管理形态分为4种："太上，不知有之；其次，亲而誉之；其次，畏之；其次，侮之。"

第一种，领导用自己的经验知识，去协助、引导部属，而不是指挥部属。这种管理形态，使得部属们根本感觉不到领导的存在。

第二种，领导用自身的品德，感染及教导部属。这种管理方式，使得部属敬佩领导，并喜欢亲近他。

第三种，领导用规则、纪律去治理部属。这种管理方法，只能使部属敬畏领导。

第四种，领导把自身的看法和需求作为准则，并以此来控制部属。这就使得部属们都畏惧、不信任领导。

往往境界高的领导者，都是因为认清了事物起源的根本，洞悉了事物发展的规律，所以能够以其发展规律去行事。他们凡事深思熟虑，不轻易发号施令，而是引导部属们去行动。部属们不会感觉自己受到了任何约束、控制，而是觉得一切都是顺乎自然的。这也就是老子“无为而治”思想在管理上的体现。

我们东方人的观念如此，西方人和我们的认知也是一样的。在西方，领导者认为，应引导、协助每一位下属去发现自身价值，而不是强硬地告诉下属应该如何去做。

西点教育学员：用道德照亮世界，用协助引导成功。

西点状元杨亦周也曾说过：“好的领导者的真意，就是协助被领导者走向成功。”

5月31日清晨，在972名学员的欢呼声中，西点军校迎来了2008年的毕业典礼。在这900多名毕业生中，一名叫做杨亦周的美籍华裔男孩，成为全场瞩目的焦点。

这个个子不高，戴着一副高度近视眼镜的22岁男孩，不仅是毕业生中综合成绩的第一名，而且还是自西点军校建校200多年来，历史上首位综合成绩第一的华裔学生。

法国某晚报记者采访杨亦周时问道："你觉得，是什么让你脱颖而出，在全校972名应届毕业生中取得文武第一的佳绩？在西点学习四年，你有什么收获？"

杨亦周答道："我真的没有想到，状元会是我，我从来没有'我最牛'这种想法，我只知道，在需要帮助的时候，我会寻求帮助，绝不硬撑着。完成一件事情，是集体合作的结果，虽然我是队长，但我学会了多角度看问题，我在做决定之前，一定会先听大家的意见，不会只是按照自己的想法。领导者的真意，其实就是协助被领导者走向成功。"

杨亦周5岁那年，跟随父母从云南昆明来到了美国。面对陌生的国家、陌生的语言和陌生的朋友，杨亦周并没有表现出不安和害怕，他只是默默地学习英语，默默地适应新的生活。

小亦周聪明好学，并且做事情很有自己的主见。进入高中后，杨亦周不仅学习成绩优秀，而且还热衷于组织各种活动，喜欢进行社会调查，借此增强自己的组织能力。当他看到日益强大的中国在国际上的影响力不断增强，而日本、韩国的经济实力也在迅速发展，中、美、日、韩这4个国家的高中生，在未来也将承担起建造国家的重任。他想到，这4个国家的未来主人，在思想意识上的共同点是什么？不同点又是什么？他们的意识，将对各自国家的未来产生怎样的影响？

带着这样的疑问，杨亦周组织了一个课外调查小组，并带领小组成员分别深入到亚洲人的集中居住地进行调查研究。由于他的组员有一部分是美国人，开始的时候，由于对于亚洲人的生活习惯、文化背景和思想意识不了解，组员不知道该如何去和他们沟通，如何提问，如何从他们的回答中归纳出有关信息。这使得调查工作进行缓慢。

杨亦周发现了这个问题，他并没有直接告诉组员亚洲人的思考方式，而是通过聊天，通过给组员讲自己儿时趣事的方式，让组员了解了亚洲人思考问题的出发点和模式。杨亦周通过这种协助引导的方式，使调查顺利地进行下去。

经过一番辛苦努力，杨亦周终于写出了名为“中美日韩四国高中学生大观”的调查报告。这份既有针对性，又对学生，乃至全体国民有教育和指导意义的调查报告，不仅被评选为全美国中学生优秀论文，而且还被送至教育部门，以供决策人士参考。

通过组织这次调查行动，杨亦周意识到要想使团队有效地行动，就要引导、协助各个成员去了解被调查者的思想意识。引导要比直接告知更有效用。

高中毕业后，杨亦周决定报考西点军校，但由于高度近视，西点拒绝录取他，此时，杜克大学不仅向杨亦周发出录取通知书，而且还承诺将向他提供全额奖学金。面对优厚的条件，杨亦周还是选择了婉拒。在他的心中，只有一所学府是他想去的——西点军校。

经过不懈的努力，杨亦周终于如愿以偿，成为了一名西点生。他怀抱着梦想，走进这所令他魂牵梦萦的学府。谁知刚入学，他就遭到了不少新学员的讽刺。因为在同届生中，杨亦周不仅个头矮小，而且还戴着一副厚厚的眼镜。所以学员们都嘲笑他“误入大学门”。但不久，杨亦周就表现出了非凡的能力，那些讥讽他的同学，也为他的能力所折服。

按照西点的规定，开学后不久，全体新生就要参加为期12周的高强度、封闭式的“魔鬼训练”。

进入“兽营”后的某一日清晨，大雨滂沱，杨亦周和他的同学潜伏在丛林的一角，等待着可能会路过的“敌人”。他们端着枪，一动不动地在雨中趴伏了6个小时。随后，他们又接到命令，背着装备，徒步行军8公里，到达指定的地点集合。到达集合地点后，不少学员都累得再也走不动路，还有一部分学员的脚已经磨出了血泡。

学员们都以为在到达集合点后就可以获得短暂的休息时间，谁知，等待他们的是继续潜伏的命令。直到夜深人静后，教官才开始让他们分组，五人一组。要求他们在寒凉潮湿的密林荒野中，寻找并抓捕“敌人”。

作为小组长的杨亦周，并没有急切地开始进行抓捕行动，他把组员聚集在一起，开始给组员鼓劲儿。虽然此时杨亦周心中已经有了抓捕计划，但他知道，此时大家都已经是精疲力竭，最需要的是激励的话语。就算此时提出抓捕计划，也不能很好调动起大家的积极性，与其这样，还不如先鼓舞士气。

杨亦周一边给队友们加油打气，一边讲着他的抓捕计划，循循引导着队友，在杨亦周还没有讲完计划时，队友们就已经开始按捺不住了，他从队友的眼睛里看到了兴奋的光芒。杨亦周知道他的引导成功了，于是，他也不再边鼓劲边说方案了，而是一口气讲完了计划。

于是行动开始了。

杨亦周和他的队友，每发现一处可疑的地点，就用大大小小的石头奋力地砸过去，逼得“敌人”不得不跑出来束手就擒。结果，在这次行动中，杨亦周的小组不仅是第一个抓到俘虏的，还是抓到俘虏最多的。

训练结束后，所有学员都向杨亦周投来赞许的目光，还向他伸出了大拇指。此时，虽然身上的作战服依旧冰冷粘腻，但杨亦周的心里却热乎乎的。

杨亦周的引导、协助式的管理方法，不仅帮助他出色地完成了任务，还让他赢得了同学们的认可。而我们在这个迅猛变化的时代中，想要让组织、团队不断地前进，就需要领导在管理过程中，指引和协助下属发挥他们的潜能，把所遇到的问题转化为团结的因素和前进的动力。而做到协助、引导下属完成工作，也是很简单易行的。

领导们可以主动与下属沟通、交换意见，并且鼓励下属提出自己的意见。这样才可以掌握更多信息，及时发现问题，才能给予下属适当的支援。

当下属请求支援，或在其执行既定目标遭遇困难时，领导应及时给予下属必要的人力、物力上的协助和支持。当下属需要依赖其他部门共同合作时，领导可以运用领导权力进行“横向联系”，这样不仅可以完成既定目标，还可以加强各部门间的合作。

一个人的成功，离不开正确的引导和自身的努力，同理，一个组织、一个团队的成功，也离不开组织内成员的共同努力和领导的正确引导。在这个以人为本的时代，与其要求如何完成任务，不如指引、协助下属去完成工作目标。

行动指南

领导者运用自己的知识经验，引导、协助下属工作，对于下属工作构想的形成及落实，起到至关重要的作用。在现行的领导体制下，毋庸讳言的是，领导对于组织、团队中的成员进行协助、支持，已经成为一种独特资源。

西点首席领导力教授唐尼索恩：

领导都是跟随者，没人能在组织中为所欲为不受限制

每个领导者都是跟随者。没有人能在组织中为所欲为，不受限制。成功很大程度上有赖于如何更好地学会跟随。

——西点首席领导力教授唐尼索恩

自律，就是主动、自觉地遵守规则制度。自律对于领导而言，是至关重要的。孔子曾说过："子帅以正，孰敢不正。"对团队风气来讲，领导首先端正了自己的行为，才能为下属树立良好的榜样，进而带动整个组织、团队的风气。

对工作纪律来讲，自律的领导往往能够出色地完成工作任务，继而领导其他人完成任务。所以自律是让领导拥有优秀领导

力的保障之一。

最典型的，要求每位成员都有高度自律意识的组织就是军队。而西点军校对其学员的自律要求，丝毫不亚于军队。在西点，无论你是谁，无论职位多高、权力多大，都要遵守规则纪律。西点人认为：只有拥有良好的自我控制能力，才能拥有美好的人生。

罗伯特·李将军曾说过："我无法相信，一个连自己都管不好的人，能领导别人。"

西点首席领导力教授唐尼索恩也说过："每个领导者都是跟随者。没有人能在组织中为所欲为，不受限制。成功很大程度上有赖于如何更好地学会跟随。"

拉里·R·唐尼索恩博士不仅是西点军校的优秀毕业生，也是西点军校的首席领导力教授，他在西点任职长达15年。他还曾多次在战争中担任各种职务。此外，唐尼索恩还是斯坦福大学的经济学硕士、哈佛大学的领导力教育学博士。不要以为智者就不会犯错，年轻时期的唐尼索恩，也曾犯过错、受过罚。

1962年，唐尼索恩还是一个对未来充满幻想的18岁青年。在去西点报道的那一天，唐尼索恩身着一件红色T恤，手中拿着一个小皮箱。在体育馆办理完报到手续后，他便走向了位于学校中央的大操场。

在操场上，唐尼索恩看到一位身穿制服的学长，学长肩膀上的红色执勤带，表明他是负责训练新生的长官之一。学长远远地就看到了唐尼索恩："穿红衣服的那个，到这边来。"学长语气粗鲁地把唐尼索恩叫了过来。

唐尼索恩一边走，一边伸出了右手，并面带笑容地介绍自己。唐尼索恩期待着学长对他进行问候。出乎唐尼索恩意料之外的是，学长非常严厉地对他说道："你以为在这里，会有谁在乎你叫什么名字吗？"唐尼索恩被学长驳斥得哑口无言。

紧接着，学长便命令唐尼索恩把皮箱丢在地上。单单是这一个简单的动作，就把唐尼索恩折腾了半天。

第一次，唐尼索恩弯下腰，把皮箱轻轻地放在了地上。学长说道："菜鸟，我是让你把皮箱丢下！"于是唐尼索恩弯下身子，在皮箱距离地面5公分处，松开了手，让皮箱掉下去。学长还是不满意他的做法。唐尼索恩一再重复"丢皮箱"这个动作，直到他站得笔直，一动不动地，只是松开手，让皮箱自己掉下去。学长才终于满意地说道："你做得很好，菜鸟。要知道，只有学会对命令的服从，才能做到对纪律的遵守。"

众所周知，西点军校纪律严格，在全世界可是出了名的。轻微的违纪现象会被做记录，并不会受到处罚。但是，当记录累积到一定程度时，就会受到处罚。对于高年级的学生来讲，一个月要是被记录超过9次的话，那么抱歉，你只能在处罚中度过你的周末了。

面对如此严格的纪律制度，学员们只有小心谨慎地规范自己的行为。唐尼索恩也不例外。虽然唐尼索恩已经很严格地要求自己了，可是，对于刚入校的他来说，还是不可避免地犯错。

一次，唐尼索恩因犯错记录被记满而受到了惩罚。而这时的唐尼索恩，已经被升为小队长。他被罚身着军装，肩扛步枪在操场上踢正步。毒辣的太阳晒得唐尼索恩几乎晕厥过去，可是教官依旧没有喊停的意思。半个小时过去了，一个小时过去了，两个小时过去了……唐尼索恩就像是机器人一样，不断地在烈日下重复着动作。期间，有不少学员经过操场，他们对这种情景已经见惯不怪了，可这依旧刺疼了唐尼索恩的自尊心。唐尼索恩逐渐明白，即使自己已经是个领导了，但在纪律面前，自己没有任何特权。

终于，教官喊停了唐尼索恩的动作。教官对唐尼索恩说道：“士兵，我要求你永远记住今天的惩处。”因为每个西点人都认为，监督学员行为操守的，应该是纪律，而不是教官。

唐尼索恩在他刚入学的这一年里，真可谓“饱受折磨”。清晨，起床号刚吹响，负责训练他们的长官就要求新兵们马上集合。唐尼索恩和他的同学们，不得不急忙奔向集合地点。刚到集合地点，本以为长官会顺势检查他们的军容，谁知，长官的命令却是：全体学员必须在5分钟内，换好灰白色组合制服，重新返回这里集合，要是有一个人迟到的话，全体学员都将受到处罚。结果可想而知，全体学员列着整齐的队伍，在训练场上奔跑。

唐尼索恩不仅自己受过罚，也见过高年级的学生受罚，将来他到了战场上后，还见过指挥官们受罚。这些事情，促使唐尼索恩进行思考。个体、集体、纪律之间到底是怎样的关系呢？终于，唐尼索恩在这四年中找到了答案。他说道：“我们每个人，都是集体中的一员，都是集体的追随者，西点对优秀跟随者的要求是：有限的时间，不是用来寻找借口、掩饰行迹的，而是用来完成任务的。尽管决策者、主管者有着巨大的权力，但他们仍然是集体中的一员，他们仍然是跟随者，即使没有直接的上司，他们也必须向某种领导负责，比如说国家。”

唐尼索恩博士的话很发人深省。在这个竞争十分激烈的年代，克己自律的观念十分重要。克己自律，不仅是敬业的基础，也是责任的源泉。克己自律更应该是我们每一个人心中自觉的道德认识。

我们常说“爱岗敬业”。敬业，就是尊重自己的职业，遵守职业的纪律。只有克己自律的领导，才会以尊重的心态来对待职业，才会以高标准、严要求来规范下属的行为；一个以尊重的心态来对待自己职业的团队，才能成为富有战斗力、进取心的团队，才是一个无坚不摧的团队。

然而有的领导却认为，自己作为领导，就可以不用像以前那样自律了，偶尔可以“放松”一下。殊不知这种荒谬的理论会影响整个团队的发展。

组织、团队的效率来源于组织内部每一位成员的共同努力，其中也包括领导者。如果领导者不能够克己自律，遵守组织、团队内纪律的话，那么，下属也势必不会按照纪律严格地对自己的行为进行要求。

从另一个方面来讲，人本身就有懒惰、冲动、贪图享受等劣性，这是与生俱来的，是非常正常的。但是，作为领导，其不仅担负着促使组织发展、团队进步的责任，而且自己的一言一行，都是下属所关注的。因此领导们必须具备一定的自我控制能力。在工作、生活中，通过对一些“小细节”的训练，就可以帮助我们做到自律。

我们可以尝试，“每日三省吾身”。这样做的目的，是为了让我们能够拥有正确的定位能力和认知能力。同时，我们还要知道，自律必须是理性的，所以我们要做到尊重事物本身的规律。对于任何一件事情，都不要凭空猜疑、绝对地肯定或否定。这样做是为了能让我们更客观地看待事物，避免出现意气用事的情况。

还有一件事情，是领导们要明白的。**自律并不是让自己被一堆规章制度层层束缚，而是用自律的行动，去创造一个井然有序的环境。**在领导严格要求自己的背后，折射出的是高尚的职业操守和职业责任。

行动指南

领导不仅要注重团队内部规章制度的制订，因为这是确保团队前进的根本，领导更要注重其自身的自律意识，因为这是确保规章制度能够顺利执行的根本。正所谓“律己方能律人”，领导只有身体力行才能树立起威信，才能确保管理制度严格施行。

Chapter 3

第三章 压力管理

压力和心态，是一对好伙伴，它们相辅相成。它们可以成就一个人，同样也可以压垮一个人。随着社会竞争的日益激烈，我们所面临的工作、生活等各方面的压力越来越大。过大的压力，不仅会影响我们的身心健康，而且还会破坏组织的内部健康。

面对压力时，我们要及时地调整自己的心态，要用积极正面的心态来调节自己，而不是抱着逃避的心态灰溜溜地逃走。要知道，正确的心态会产生积极正面的力量，可以缓冲、释放压力带给我们的冲击。而逃避、妥协等不良心态，只能让我们越来越不敢正视压力，最终被压力压垮。

井无压力不出油，人无压力轻飘飘。压力并不是洪水猛兽，而是磨炼我们的机会，它能使我们变得更加坚强、积极。在战胜压力后，我们的自信心还会进一步得到提高。

著名作家爱伦·坡：
信念能使人忘记痛苦

强烈的成功欲望，将会使一个人忘记一切的苦痛，迎来成功的一天。

——著名作家爱伦·坡

俗话说得好："没有压力，就没有动力。"压力是什么？从心理学的角度看，压力是指当周围环境发生变化时，给人带来的身体或精神上的刺激反应。它能够对人们的心理和生理健康状况产生影响。面对压力，要有坚定的信念。只要抱有坚定的信念，就没有什么事情能够轻易压垮我们。

有一种理论，叫做"豆芽菜理论"。它指的是：一个人的成长，就像是发豆芽，把豆芽放在湿布上以后，必须要在上面压上一块有分量的石头。没有石块的压力，豆芽就会长得又长又细，并且味道很差；有了石块的压力，豆芽便会长得又白又胖，味道鲜美。

如果把人才比作豆芽的话，那么西点军校就是压在豆芽上的石头。西点教育学员：压力，对于一个天才来说是垫脚石，对于能干的人是一笔财富，而对于庸人来说却是万丈深渊。

著名作家爱伦坡曾经说过："强烈的成功欲望，能够让我们把全部精力放到实现愿望中去，从而忘记生活中的一切痛苦，迎来成功的一天。"

埃德加·爱伦·坡，被誉为侦探小说的开山鼻祖、科幻小说的先驱者之一、恐怖小说大师、象征主义先驱者之一……

爱伦·坡，这位伟大的诗人、小说家和文学评论家，于1809年1月19日，出生在美国波士顿的一个流浪艺人家庭，是家中的第二个儿子，他还有一个小妹妹。虽然母亲——伊丽莎白，是小有名气的舞台剧演员，但是她的收入根本不够支付整个家庭的开销。一家5口人经常过着颠沛流离的生活。

由于困苦的生活，他的父亲染上了酗酒的恶习。有一次，爱伦·坡的父亲在喝醉酒后，和伊丽莎白大吵了一架，负气抛下妻儿出走，竟然再也没有回来。母亲伊丽莎白不得不独自抚养3个年幼的孩子。终于，她在1811年因为积劳成疾，一病不起，就此凄然离世。年幼的3个孩子，分别被人收养，过着寄人篱下的生活。

在爱伦·坡6岁的时候，他跟随养父一家迁至英国定居。爱伦·坡的养父约翰·艾伦是里士满的一位家境富裕的烟草商人，他让爱伦·坡进入一所私人学校念书，这为爱伦坡打下了古典文学知识的深厚基础。5年后，一家人又重返里士满。由于爱伦·坡天生聪明，热爱运动，所以他不仅学习成绩优异，还喜欢涉猎历史、天文等各方面知识。他在体育方面也是全能手：击剑、游泳、马术，无一不精。值得一提的是，年轻的爱伦·坡还会用拉丁文写诗。在当时，真可称得上是奇才。

虽然养父送爱伦·坡进入私人学校学习，但给爱伦·坡的生活费却十分少，甚至可以用苛刻来形容。这位讲究实用的生意人，生性古板，不苟言笑，不能理解爱伦·坡这种心思细腻、善于幻想，并迫切需要温暖的少年心思，因此父子关系一向不和。爱伦·坡在这种不和谐的压力下，变得沉默寡言。

17岁的爱伦·坡，被送进了弗吉尼亚大学，古板苛刻的养父，仅给他只够吃饭的钱而已。爱伦·坡自幼接受的教育，使他自认为是南方贵族，因此在大学里结交了一批富家子弟，为了逃避经济上的压力，爱伦·坡开始喝酒、赌博，没有什么经济来源的他，更是欠下了一身赌债。当养父得知他在大学里的种种行为后，严厉地责怪他行为有失检点，并坚决命令爱伦·坡退学。

爱伦·坡在大学还没有待满一年，就回到了里士满。当他回到家中时，才得知他的恋人要嫁给别人做妻子了。这个消息，使爱伦·坡大受打击，并选择离家出走，前往波士顿谋生。

在波士顿，爱伦·坡靠印刷商托马斯的帮助，出版了他生平第一本诗集《塔默兰诗集》，可惜根本无人问津。这位年轻的诗人，在波士顿举目无亲，又身无分文，他只能化名去参军。虽然爱伦·坡对他化名参军的这种行为感到很是羞惭，但他却很喜欢这段军旅生活，并且被升为军士长。

1829年，由于养母去世，爱伦·坡回家奔丧，随即便退了伍。到了巴尔的摩，爱伦·坡又出了自己的第二本诗集《明星，塔默兰小诗》。这期间，他的养父提出了继续资助其生活的条件——进入西点军校深造。爱伦·坡欣然接受，因为他也希望能够学习军事科学。

于是，1830年，21岁的爱伦·坡正式进入美国西点军校。入学后，爱伦·坡深深地感受到西点生活与其之前的生活真可谓天差地别。他尊敬热爱这座学府，同时他也感受到学校生活带给他的巨大压力。

由于入学标准的严格，只有那些拥有坚强意志、聪敏过人、体魄健壮的报考者，才有机会成为西点军校的学员。换句话说就是，能够进入西点军校的人，可谓个个都是人中龙凤。面对如此多的优秀分子，爱伦·坡引以为傲的资本被一一打破。他感觉到自己受到很大的威胁，这种让人喘不过气的压力，一直压着爱伦·坡。

更让爱伦·坡倍感压力的是西点的淘汰制度。西点军校有明确的规定：4个学年结束时，总淘汰率要在25%左右，其中，第一学年就必须淘汰10%的学员。

在严格的训练中，爱伦·坡因为过度的压力，表现得畏首畏尾，往日骑马、击剑的那种勇猛自信的风采荡然无存。尤其是在第一周的野外训练后，爱伦·坡甚至产生过逃避的想法。

第一周的野外训练，让爱伦·坡的胳膊差点断掉，先是长时间的不间断障碍跑，学员们必须要把步枪高举过头顶，同时身上还必须负重。两个多钟头跑下来，爱伦·坡已经感觉不到自己的胳膊还长在身上。这样的训练，一周至少会有2~3次。紧接着就是关节力量的训练……一连串的训练终于结束了，而这也仅仅是一天的训练量而已。回到宿舍的爱伦·坡惊讶地发现，他的手臂已经不能抬起来了。

无论是精神上还是肉体上的压力，都已经让爱伦·坡招架不住，他准备放弃了。当爱伦·坡准备提出退学申请时，他在学校的一条走廊上，看到了学校的校史和历任校长的画像。爱伦·坡迷惑了，这些校长，大多也都是军人出身，既然他们能够坚持下来，能够创立、发展学校，能够名留青史，他又为什么不能？此刻，强烈的成功欲望让爱伦·坡忘记了痛苦，忘记了一切令他懊恼的事情。爱伦·坡不再认为野外训练是压力，也不再受其他优秀学员的影响，这些曾经被他认为是压力的事情，反而成为他奔向成功的动力。

1834年，爱伦·坡的养父去世，庞大的家产被几个嫡亲的子女瓜分一空。爱伦·坡没有从中得到一分钱。经济上的窘迫已经不能对他构成威胁。尽管之后的生活不尽如人意，他的作品依然很少有人看，但爱伦·坡没有在意，没有被来自生活、事业两方面的压力所压倒。此时，他心中所思所想的就是能够继续进行文学创作。

在目标强烈地驱使下，爱伦·坡经过不懈的努力，终于完成了多部作品的创作。他的作品更是对现代西方文学产生了深远的影响。英国作家柯南道尔的侦探小说《福尔摩斯探案集》和各种推理小说，均受到其影响。

爱伦·坡的事迹告诉我们：当一个人渴望做成某件事的愿望就像人需要空气的愿望那样强烈时，他就会忘记一切苦难，坚定不移地去行动。值得注意的是，压力过大会对我们产生创作力下降、精神不振、心不在焉等负面影响。

对于领导而言，他是负责带领团队进步的人，我们更多地看到的是他们辉煌的一面，我们常常认为领导者是万能的，几乎忘记了他们其实和我们一样拥有着血肉之躯。他们也会有烦恼，也会有来自工作和生活的压力。

从心理学的角度看，一位领导，若能够把他的工作做得足够好，那么他在性格上，一般会有这样一些特点：不能容忍自己是弱者，不能容忍自己是个平庸者，不能接受失败，渴望得到他人的赞赏，拥有强大的执行力和意志力，以及对自身事业的执著。这些性格特点是获得成功的重要保障，同时也是其心理压力的源头。

那么我们应如何释放自己的压力？以下这些简单易行的小方法，能够很好地帮助我们减缓压力。

（1）把工作任务细小化。心理学研究表明，巨大的任务容易让人产生压力。把一个任务拆解成多个小任务，逐个完成，这样不仅能消除压力感，还能通过完成任务增加我们的信心。

（2）在工作上遇到问题时，可以尝试多依靠自己的下属。要知道领导者和被领导者是一个联系紧密的团队，有着共同的目标和追求。

（3）平静地看待自己的成功，也要平静地看待自己的挫折。邓小平曾三起三落，正是因为饱经挫折，他的人生才会更加丰富。

（4）学会放松自己，增加与他人沟通的时间。放松的方式多种多样，比如说听音乐、绘画、与家人沟通等。

虽然我们不完美，但顽强坚定的信念能够帮助我们突出重围，敦促我们勇攀高峰。

信念，是击碎压力的利刃；信念，是战胜挫折的前提。一个人只有有了坚定的信念，就会具有超强的行动力。**成功并不是来源于详尽的策略，而是来源于策略背后的思维模式——坚定的信念。**

行动指南

强烈的信念，可以让我们充满热情地投身工作中，无所畏惧地勇往直前。当我们行走在通往成功的道路上时，难免会遇到来自各方面的压力。必胜的信念，可以让我们排除压力对我们的影响，化压力为动力。

天才画家詹姆斯·惠斯勒：

信心是一种可以修炼的心理状态

信心与意志是一种心理状态，是一种可以用自我暗示诱导和修炼出来的积极的心理状态！

——天才画家詹姆斯·惠斯勒

人与人之间的交往，常常是意志力与意志力之间的交流。不是我们影响对方，就是我们受对方影响。而领导，要想去影响下属，让下属相信、依靠自己，首先就要自己相信自己。只有自信心强大的人，才能去感染他人。

人，之所以能，是因为相信能。自信心，就是一种积极、有效地表达自我尊重、自我价值的意识特征和心理状态。它通常来自于个人的能力。我们可以通过主动寻求各种学习机会和各种挑战来修炼自己的自信心。

天才画家詹姆斯·惠斯勒也说过："若想在自己的内心建立信心，即应像洒扫街道一般，首先应将相当于街道上最阴湿最黑暗角落的自卑感清除干净，然后再种植信心，并加以巩固。"

惠斯勒还说过："一旦当我们停止尝试，那就表示我们已经失败。"

詹姆斯·a·M·惠斯勒，是美国知名印象派画家和雕刻家。惠斯勒于1834年7月10出生于美国马萨诸塞州的洛维尔，他的父亲乔治·华威顿·惠斯勒曾担任陆军少校一职，母亲安娜·马克尼尔是苏格兰人，她生性朴实，举止文雅。作为长子的惠斯勒非常敬爱他的母亲，但却没有继承母亲质朴的性格，而是成了一位充满梦想与激情的艺术家。

惠斯勒3岁时，他父亲从部队退役，担任建筑工程师一职，负责修筑西部铁路，故全家迁至康涅狄克州的斯托宁顿居住。惠斯勒的童年生活，就是在这样不断的迁徙过程中度过的。与其他同龄的孩子相比，惠斯勒的眼界要开阔得多。

1843年，惠斯勒的父亲应沙皇尼古拉一世的邀请，去俄国修建圣彼得堡至莫斯科的铁路。于是，全家又搬到了圣彼得堡。由于父亲身居要职，惠斯勒一家在俄国过起了贵族般的生活。这段贵族生活，对不满9岁的惠斯勒来说，是一段令人眼花缭乱的体验。令人激动的阅兵仪式、穿着冰刀鞋在冬季的涅瓦河上奔舞、夏季夜晚鲍洛斯基公园的绚丽烟火，还有俄国童话世界般的建筑结构，都在小惠斯勒的脑海中留下了清晰的印记，并点燃了他幼小心灵中的艺术火苗。

惠斯勒在他10岁那年，进入了帝国美术学院素描班学习素描。这段学习经历，为他以后的绘画功底打下了坚实的基础。然而，这种美好的生活并没有持续很久。1849年，惠斯勒的父亲乔治·惠斯勒逝世。沙皇为了向乔治的贡献表示感谢，于是向惠斯勒的母亲提议，希望能够将乔治安葬在俄国，并承诺惠斯勒能够继续在宫廷学校接受教育。母亲婉拒了沙皇的好意，带着家人重返故乡，定居在美国康涅狄格州。

1851年，惠斯勒遵从母亲希望他继承父志的要求，考入美国西点军校。在西点这个大熔炉里，惠斯勒曾一度感到很沮丧。他感觉自己跟不上学校的节奏。惠斯勒生性细腻敏感，行事风格却狂放不羁，这种矛盾的性格让他感到很痛苦。他向往无拘无束的生活，可又舍不得离开西点；他能够严格遵守纪律，却在碰到和绘画有关的课程时成了屡教不改的“问题学生”。

有一次，一位工程学教授让同学们设计一座桥梁。惠斯勒在他的设计图上勾勒了一幅这样的图案：在绿草如茵的河岸旁，有一座充满着浪漫主义色彩的小石桥，还有两个小孩坐在桥上钓鱼。

教授看到惠斯勒的设计图时，非常生气，在批示中写道：“把那两个孩子给我从画面上弄走！这是军事桥梁！”几天后，惠斯勒把重新画的设计图拿给教授。这回，桥上没有了孩子的踪迹，而岸边却多了两个追逐的身影。教授气急败坏地对惠斯勒说道："我命令你把这两个孩子删除，他们永远不准出现在设计图上！否则你这门成绩将会亮红灯！"

当天下午，新图纸就出现在了教授的办公桌上。教授一看，图中果然没有了小孩儿的身影，心里正高兴时，突然发现河边多了两个小坟头，墓碑上刻着："悼念被独裁者抹杀的小天使——杰姆和艾娃。"

惠斯勒的学习成绩平平，却只有一门功课除外——素描。他的素描成绩在西点名列前茅。因此，在他3年级时，惠斯勒离开了西点，开始考虑以艺术为职业。离开西点后的惠斯勒，曾请求陆军部长杰弗逊·戴维斯帮助他复学，但戴维斯却认为惠斯勒更适合去地图处。在戴维斯的介绍下，惠斯勒去了地图处处长本海姆上尉那里报到。这位上尉很快便发现了惠斯勒的绘画才能，在1854年，雇佣了他。可是绘画和绘制地图到底是两回事，本海姆很快就发现了让他头疼的事情——几乎每张经过惠斯勒之手的地图，在空隙间都画满了奇形怪状的动物和让人看不懂的人物肖像。

在本海姆上尉手下工作一年后，惠斯勒终于得到了去巴黎学习绘画的机会。在巴黎这个浪漫之都，惠斯勒感觉到自己获得了重生。他在格莱尔的画室中学习油画和素描，还会专门找时间去卢浮宫临摹古画。他环游法国，并在1858年夏天，以一个异国人的眼光，画了一组名为《法兰西组画》的铜版画，并受到了当时法国人的欢迎。随后，惠斯勒参加了库尔贝领导的青年画家小组，开始和印象派画家莫奈等人交往。

1859年，惠斯勒因其毕业作品《钢琴旁》被沙龙所拒绝，因此心灰意冷离开法国，出走伦敦。此后，他的作品就和音乐标题结下了不解之缘。比如说，《母亲的肖像》被称为《灰与黑的协奏曲》，《白衣少女》则冠以《白色交响乐》的副标题等。但是英国人却不能接受他的艺术，惠斯勒不断受到抨击，他被迫辞去英国皇家艺术家协会主席的职位。

在此之后的一段时期内，惠斯勒的画风受到了东方艺术的感染，由开始的现实主义风格逐渐转变为抽象风格。此外，惠斯勒在装饰艺术方面也作出了杰出的贡献。他的代表作《孔雀厅》被认为是新艺术运动和唯美运动的开路先锋。惠斯勒在作画时，喜欢一气呵成，稍有不满意之处，就会全部刮掉然后重画，他笔触细腻，色调变化微妙，很少能有人与之媲美。

1881年，惠斯勒将《灰与黑的协奏曲——母亲的肖像》送到宾夕法尼亚美术学院参展，学院为当年不肯出1500美元购买这幅画而感到后悔，现在这幅画由法国政府收藏于卢浮宫。此后，这幅画再次来到美国则是在1933年的芝加哥世博会，画作由专人看运护送，足见其不一般的地位。

19世纪80年代后期，惠斯勒在巴黎置下了房产，此后便不断来往于巴黎和伦敦之间。他的作品，不断被人们欣赏、接受。1898年惠斯勒被选为英国美术家协会主席，声望大增，并在法国、德国和意大利获得荣誉称号。

到了20世纪，惠斯勒的画受到世人的追捧。1900年，在巴黎世博会上，惠斯勒的作品获得了绘画和蚀刻画金奖；1915年，巴拿马世博会则重点展出了惠斯勒的作品；1933年，芝加哥世博会，有近300万的观众先后涌进惠斯勒的专馆。

在美国——惠斯勒的祖国和他长期定居的英国，则对他的艺术手法始终没有认可，直到1903年，惠斯勒在英国去世后，人们才认可惠斯勒的画风，美国人才引以为自豪。

惠斯勒虽然在他的艺术道路上屡次受挫，但却越挫越勇，最终成为艺术名家。这是因为他坚信自己可以成功。但在我们的生活、工作中，并不是每个人都能够做到如此自信。

有些人往往会“耳根子”特别软，在制订计划时一会儿想这样做，一会儿又觉得那样做比较好。一旦上级或其他人提出意见，他的想法就又跟着改变了。但他们有时又会表现得非常固执，比如说做决策的时候，即使知道这并不是最好的决策，也不管别人如何劝说，还是会坚持最初的决定。

导致这种矛盾行为的原因之一，就是不自信。因为缺乏足够的自信心，所以会怀疑自己所做的决定。当别人提出反对意见时，又会觉得这些意见是对自己权威的挑战，而予以否决。这样的人会让其他人觉得难以相处，无所适从。

无论是谁，都不愿做一个不自信的人。其实，想让自己变得自信，只要奉行“尝试错误”的哲学，就可以做到。同时也要提醒各位，切莫让自信变成自负。

要知道，在我们的人生旅途中，荆棘坎坷要远比顺利多得多。我们只能昂起头，自信坚定地走下去。这样才会在我们的人生中，走出一条康庄大道。

行动指南

自卑的人，总把时间浪费在胡思乱想中，他们想象自己很完美；自信的人，会把时间用在实践中，他们承认自己不完美。我们只有承认自己的不完美，多去实践、尝试，才能在实践中积累自己的自信心。

著名学者班杰明·尤厄尔：失败的原因往往不是能力低下，而是信心不足

失败的原因往往不是能力低下，力量薄弱，而是信心不足，还没有上场，就败下阵来。

——著名学者班杰明·尤厄尔

可以说，领导的执行力强与不强关键是看领导自身是不是足够自信。从职业的立场看，自信可以帮助我们充分地认识自己的长处，并激发我们的潜能。从生活的角度看，自信可以让我们对自己感受良好，自信可以让我们散发出无限的魅力。

据说在西点军校，不管遇到什么样的任务，学员的回答永远只有一个，那就是“我们肯定能够完成任务！”西点教育学员：

要像逆流直上的鱼一样。只要充满信心，任何困难都不能阻止我们成功。

著名学者班杰明·尤厄尔也曾经说过：“失败的原因和我们轻视自己的心态有直接的关系。”

本杰明·斯托德特·尤厄尔，毕业于美国西点军校，他曾担任美国联邦陆军军官，同时也是位土木工程师和教育家。

1810年6月10日，尤厄尔降生在美国华盛顿乔治敦地区。他可谓是出身名门。父亲托马斯·尤厄尔是一位学富五车的博士，母亲伊丽莎白·尤厄尔则是一位名门淑女，他的外祖父本杰明·斯托德特曾任美国第一海军大臣。

由于出身名门，又受到了良好的教育，年轻时的尤厄尔可谓充满了自信，也许这种自信只是没有受过挫折的盲目的自信。不管怎样，此时的尤厄尔，还不懂得自信对一个人意味着什么，直到他考入西点军校。

在进入西点军校后，按照西点的传统，首先就是为期八周的“兽营”训练。即便尤厄尔生性好动，又长期坚持体育锻炼，但在“兽营”接受训练，并不像尤厄尔所想象的那般轻松。

一天清晨，大雨滂沱，尤厄尔和其他学员出发了，他们当天的任务是完成负重越野跑，并进入密林寻找教官事先放置好的战利品。看着雨势没有一点减小的意思，尤厄尔在潜意识里就认定自己今天可能完不成训练任务。因为尤厄尔最不喜欢下雨的天气，他认为，下雨天就应该在房间里喝茶看报，而不是去做该死的野外训练。

如果说冒着大雨跑完越野对尤厄尔来说是“轻松”任务的话，那么进入密林对尤厄尔来说，可谓是一项挑战了。跑完越野后，强烈的疲劳感不断地涌向四肢百骸，粘腻的训练服紧紧地贴在身体上，汗珠混着雨水顺着脖子流进衣领里。这一切尤厄尔也许还能忍受，但进入密林，则让尤厄尔感到不适。

地面的寒气混杂着潮气弥漫在密林四周，此刻尤厄尔身上的衣物已经没有一处干爽的地方了，就连靴子里也充满了雨水。这种感觉对娇生惯养的尤厄尔来说，是无法忍受的。他渴望换上干净整洁的衣衫，更渴望能够赶紧脱掉进了水的靴子。可事实不允许尤厄尔这么做，他们必须完成任务。

雨，越下越大，此时的尤厄尔多么希望训练能够停下来，他的脚步越来越慢，渐渐地落在了队伍后面。他真的想放弃任务，他不在乎别人怎么看他，他只想赶紧回到营房。但是就在尤厄尔想要放弃的时候，他看到了另一位学员一瘸一拐地跑了过来，他叫住了这位学员，问他的腿是怎么了。这位学员告诉尤厄尔，自己是因为在越野跑的时候不小心扭到了脚，所以现在无法正常奔跑。尤厄尔劝说这位学员一同放弃，而这位学员却说：“我不会和你离开密林的，我想要完成任务，因为我知道我能完成任务，尽管我现在行动不便。”

学员的话，深深地刺激了尤厄尔，激发了他内心深处的斗志。尤厄尔不想输给这位学员，他在心中一遍遍地告诉自己“能成功，我能做到，别人能做到的，我也可以”。在强烈的意志下，尤厄尔忘记了一切，他追上了大部队，最终和大家一起完成了任务。这段经历也深深地烙印在了尤厄尔的心中，他明白了什么叫做自信，明白了自信有多么强大的力量。

1832年，尤厄尔从西点军校毕业后，他被分配到了美国第四炮兵团，然而由于在校期间的突出表现，尤厄尔还一直担任着西点军校数学助理教授一职。4年后，尤厄尔离开了西点军校，成为巴尔的摩和萨斯奎哈纳铁路的助理工程师，负责连接马里兰州巴尔的摩与宾夕法尼亚森伯里的铁路。

1839年，尤厄尔来到了弗吉尼亚州的一所学院，并成为一名数学教授，教授自然哲学。服役期满后，尤厄尔又搬到了列克星敦，在那里的华盛顿学院，他依旧教授数学，同时也担任军事科学的教师。

美国内战爆发后，尤厄尔虽然一直反对战争，反对联邦州的独立，但他还是毅然决然地加入了南方军队。由于尤厄尔毕业后一直负责教书，所以南方军决定让他负责登记联盟国军队中的贫困学生和教师的人数，并让他成为了民兵组织的小队长。1861年5月，南方军通过投票决定关闭学校，并把学校征用为盟军兵营，后又改建为医院。随后，尤厄尔又被认命为联邦军的一名团长。

1862年，尤厄尔主要负责开发建设威廉斯堡的防御工作。因为脆弱的威廉斯堡可能抵挡不住北方军的攻击。整个线路从弗吉尼亚州半岛东威廉斯堡开始，再加上杰姆斯河南部支流，整个工程涉及14个堡垒的建成。尤厄尔还参加了河谷会战，主要负责协助托马斯·杰克逊。二人配合默契，不但达到了全部的预期目标，而且还扩大了联邦军在弗吉尼亚的战果，最终取得了河谷会战的胜利。这场战役的胜利，最主要的是使南方军对敌心态发生了变化，鼓舞了军队的士气。

但是，在1862年的半岛会战中，南方军没能抵挡住北方军的铁蹄，伤亡惨重，威廉斯堡和威廉玛丽学院被北方军所占领。失去了威廉斯堡对于南方军而言，可以算得上是一个沉重的打击。

威廉斯堡战役结束后，尤厄尔离开了第三十二弗吉尼亚步兵团。战争结束后，威廉玛丽学院依旧躺在战争的废墟中，尤厄尔对这美国第二所历史最为悠久的学院充满了感情。他毅然投身于重新修建威廉玛丽学院的工作中。

尤厄尔不断地奔走于华盛顿与威廉斯堡间，恳请政府拨款修复威廉玛丽学院。虽然政府曾以资金不足为由，拒绝尤厄尔的请求，但尤厄尔依旧坚持不懈，因为他有信心能够获得拨款，重建院校。经过尤厄尔的不断努力，威廉玛丽学院终于被重新修复了，而尤厄尔也成了该校的校长。

尤厄尔在信心中获得了动力源泉，这股力量支撑他一路披荆斩棘，向着自己心中的目标走去。而在我们的工作、生活中，总有些人会把他们的不得志归咎于别人或环境。

他们认为现在的环境是由别人造成的，而环境又决定了自己的生存状况。于是他们停止了前进的脚步，变得爱推卸责任、爱抱怨。要知道，我们的路，从来就只在我们的脚下。信心有多大，人生舞台就有多宽广。

一般来说，有两个敌人可以让领导变得信心不足。一个是对失败的恐惧，另一个是对成功的恐惧。

当我们遇到挫折时，我们多少都会回过头去分析失败的原因。但是不要过度自责，要知道，过度的自责会影响我们的心态，让我们对失败产生恐惧感，导致我们以后的行动变得畏首畏尾。

对成功的恐惧说起来有些让人难以置信，但这种现象却真实存在，而且很多人都会存在这种心态。缺乏自信的人在成功后往往会这么想：这次成功了，那下一步该怎么去做？成功了，就会让别人对自己产生期待，但是将来如果无法再成功，那这些人会怎么看待自己，会不会对自己失望，等等。这种人将自己的成功归因于机会和运气，而不肯正视自己的努力。

所以作为一名领导，不仅要善于发现和解决问题，还要充满自信。自信，可以让我们正视自己的失败；自信，可以让我们正视自己的努力；自信，可以让我们的魅力得到升华；自信，可以让我们更值得信赖；自信，可以让我们拥有笑看风云的豁达。因为我们知道，我们的命运，从来都是掌握在自己手中的。

行动指南

我们要正视自己的努力，正视自己的失败，用平和的心态来看待问题。人的一生就是在不断地经历着成功和失败。只要我们对自己充满信心，我们就能够以轻松的心态享受奇妙美好的人生。

西点第一任校长乔纳森·威廉姆斯：

有时，阻碍我们成功的不是能力，而是心态

有时候，阻碍我们成功的主要障碍，不是我们能力的大小，而是我们的心态。

——西点第一任校长乔纳森·威廉姆斯

如今的时代，是需要我们承担责任和主动行动的时代，是需要我们不断提升自我能力的时代。在一个组织、团队中，往往最先被淘汰的就是不能自我奋进的人。这不是残酷，这是最基本最正常的自然现象——弱肉强食。面对如此强大的压力，领导的心态如何，就成为了是否能做好本职工作的先决条件。

一位伟人曾经说过：成功源于觉醒，心态决定命运。每一个西点人都清楚地记得：在任何逆境中，都不要沉沦，应该奋起。这种积极勇敢的心态，使西点学员坚强不屈，百折不挠，像铁塔般屹立在自己的岗位上。

作为西点第一任校长的乔纳森·威廉姆斯也曾经说过：“有时候，阻碍我们成功的主要障碍，不是我们能力的大小，而是我们的心态，当我们认为自己一定能够成功时，那么在心理上，我们已经成功了。”

在风景如画的哈德逊河谷西岸，自纽约州北部向南望去，穿过哈德逊峡谷，可以看到奔涌的激流咆哮着注入纽约湾。奔腾的河水由于受到岩石坡的阻拦而形成一个“S”形的急弯，这块近50平方公里的岩石坡被人们称作西点。

在美国历史上，西点历来都是兵家必争之地。这是因为河的西岸是块高低，占据它的人不仅可以控制所有的运河。更主要的是可居高临下，掌控地利。乔治·华盛顿将军认为西点是一块最具有战略价值的阵地，更形象地说它是“打开美国的一把钥匙”。于是，华盛顿在1778年邀请波兰人科什乌兹科上校来协助设计西点军事要塞。

美国独立之后，华盛顿便想在此地建立一所全国军校，直到1802年杰弗逊当选总统后，才签署了法律，开始着手建立军校，同年7月4日，美国独立纪念日这天，美国军事学院——西点军校成立了。乔纳森·威廉姆斯被委任为第一任校长。

威廉姆斯出身富裕，他的父亲是波士顿马萨诸塞州的一位富商，1751年，威廉姆斯降生了。儿时的威廉姆斯，对身边的一切都充满了好奇心，他喜欢研究一些稀奇古怪的东西，并且时常躲在父亲的书房内写写画画，记录着他的研究成果。

小威廉姆斯非常崇拜他的叔父，本杰明·富兰克林博士——美国资产阶级启蒙思想家和政治活动家、著名的《独立宣言》和美国宪法起草人之一。在小威廉姆斯的心中，叔父几乎是像神一样，他睿智、从容，优雅、安详。富兰克林的一举一动，都影响着小威廉姆斯。

在叔父的影响下，20岁的威廉姆斯便步入了政界，来往于欧美两州，在此期间，他还为叔父富兰克林工作。威廉姆斯不仅是位政治家，还是位科学家。他学识丰富，并且长期在欧洲居住，他了解欧洲历史，对欧洲的军事史更是了如指掌。

在西点军校成立后，为了能够找到一位有着丰富学识经验，并且了解欧洲军事历史的长久性的校长，杰弗逊开始大范围物色人选。1801年5月，威廉姆斯走进了杰弗逊的视野，他各方面条件都符合杰弗逊的要求。

威廉姆斯来到西点的第一件事就是将工兵与炮兵团拆开，让其各自成为两个独立的组织，杰弗逊总统采纳了他的建议。1802年3月16日，威廉姆斯正式出任工兵总指挥与西点军校首任校长，并且安排工兵部入驻西点。

威廉姆斯知道，担任西点军校校长，对他来说是一个考验。

学校成立之初，由于名号不够响亮，所以生员少得可怜，只有1名少校、4名上尉和10名正式学员。少校是校长，也就是威廉姆斯本人，上尉们充当教官。学校甚至连食堂都没有，学员们只能自行安排食宿。而对学员们的年龄限制，则更是没有任何要求。

简陋的教学环境，少得可怜的学员，以及散漫的生活态度，这一切都令威廉姆斯感到头疼。但是威廉姆斯并不想放弃他的工作，他认为这一切都不过是暂时的考验而已，自己有能力把学校打造成一所一流学府。

威廉姆斯首先便开设了数学和自然与实验哲学两门课程，并千辛万苦地“挖”来了两名高材生担任教师。担任数学教师的威廉·巴隆是一名哈佛毕业生，曾在剑桥大学教过数学。贾内德·曼斯菲尔德曾在耶鲁大学求学，于是由他负责教授自然与实验哲学。之后，威廉姆斯又增设了法语和军事艺术课。

虽然教师是有了，可是教材却又成了问题。学员可参考的教材不仅老旧，而且少得可怜。与师资力量雄厚的非军事院校相比，西点军校显得苍白无力。没有足够的教学资料，学员们的知识面也得不到扩展，甚至许多学员不知道壕沟与碉堡缓冲区之间的区别。

威廉姆斯一再要求陆军部能够为西点提供足够的书籍，但陆军部却以没人能够充分追随为由，拒绝了威廉姆斯的要求。威廉姆斯简直要气炸了，他不断地给杰弗逊写信，抗议陆军部的这种行为。陆军部迫于压力，不得不为西点购置参考资料。

独立战争虽然为美国赢得了政治上的独立，但在经济、军事等诸多方面，美国仍然面临英国巨大的封锁压力。由于渐渐走进了相对稳定的时代，人们开始满足于现状，几乎没有人再重视西点军校，西点军校逐渐被人们抛弃。但是威廉姆斯并没有抛弃西点，他反而更加严格地要求学员进行学习和训练。

1807年，“切萨皮克”号事件的爆发，成为了美英战争的前兆。之后一连串冲突事件的爆发，引发了美英战争。1812年6月18日美国正式向英国宣战。在这场战争中，由于政府对学校的不重视，使得军中缺少高素质的指挥将领，即使士兵们再勇猛，也阻止不了美军的接连失利。西点的官兵们在这场战争中给美国高层留下了深刻的印象，使得他们开始重新重视西点军校。

威廉姆斯在担任西点校长期间，克服了种种困难，使最初只有10名学员的军校能够不断发展壮大，凭借的就是他的坚持和努力。而使他能够坚持和努力的原动力，则是他良好的心态。

作为领导，只有拥有积极健康的心态，才能让自己免受负面情绪的干扰，有效地解决工作中所遇到的各种难题。心理学家将健康的心态大致分为以下四大类：

（1）感恩的心态：父母给了我们生命、老师让我们摆脱愚昧、家人给予我们温暖、上级帮助我们成长、下属支持配合我们工作、对手磨炼我们的意志，我们应当感谢他们。

（2）公平的心态：很多人都在抱怨不公平，总在强调自己的付出要远超过所得。许多人都觉得别人赚的钱多，自己拿的却很少。其实这是一种攀比的心态，攀比的是利益而不是能力。所以我们要公平地看待利益和能力，不要让自己的双眼被利益所蒙蔽。

（3）自律的心态：不以善小而不为，不以恶小而为之。要知道大错皆因小错起。严格要求自己，能帮助我们避免犯大错。

（4）宽容的心态：人无完人，宽容地对待每一个人，就能保证团队内部的团结，还能避免我们产生自高自大的狭隘心理。要知道，善待别人，就是善待自己。

我们常说，人生在世，不如意之事十之八九。面对这些不如意的事情，愤怒和抱怨对解决问题没有丝毫帮助，唯有积极健康的心态，才能帮我们快速冷静地理清思路，找到解决问题的方法。

行动指南

我们每个人的体内，都隐藏着不可估量的生命潜能。我们要做的，就是用积极正面的心态，来唤醒这些沉睡的能量，从而不断提高自我能力。良好的心态，是为成功引航的灯塔，即便当我们身在迷雾中，只要拥有这盏明灯，就能冲破迷雾到达成功的彼岸。

Chapter 4

第四章

团队管理

如今，单打独斗的时代已经过去了，在今后的管理文化中，团队管理是否得心应手将成为衡量一个领导者是否优秀的重要参考。

21世纪将是一个注重合作与发展的时代，在这个社会与经济都飞速发展的大空间中，人们将不再可能只依靠自己的能力去完成某个目标，组织化、团队化成为新兴领导者们愿意采用的工作方式。但有句名言说得好："有人的地方就有江湖。"每个人都是个性和不可复制的个体，每个人的成长背景、教育程度与阅历都不相同，所以，性格、处事和交往方式也是五花八门。要如何游刃有余地和每个人打好交道，平衡好团队中时而轻松时而紧张的气氛，是领导者要放在心头的大事。团队管理说困难但也简单，说白了，就是针对不同的人做不同的事，以求达到一种平衡。

Chapter 4
第四章　团队管理

联邦快递创始人费雷德·史密斯：团队力量胜于个人力量

一个人奋斗总是有点孤单的，如果有许多志同道合的伙伴就完全不一样了。

——联邦快递创始人费雷德·史密斯

有人说：“领导事业的成功，15%由专业技术决定，85%则与个人人际关系和处理技巧相关联。”

在日常生活中，人们的交往都靠感情来维系，不同的人际关系会给人们带来不同的感受和体验，亲密的人际关系会让人感到愉悦，而胶着的人际关系则会令人感到烦恼。同样的，人际关系在工作中也会切实影响到整个团队的气氛、行动力，甚至还会关系到该团队未来的走向。

联邦快递创始人费雷德·史密斯认为：“团队力量胜于个人力量。”拥有良好而亲密的团队伙伴，就有了相互扶持、激励、共同进步的朋友。“独自一人奋斗有些孤单，而如果和志同道合的伙伴一起努力就完全不一样了，”史密斯说，“有人分享成功的喜悦，一起面对困难，是件非常鼓舞人心的事。”

费雷德·史密斯于1944年8月11日出生在美国孟菲斯市郊马克斯一个富裕的家庭。史密斯的父亲是一名出色的商人，他白手起家，通过自己的勤奋努力创立了迪克灰狗巴士公司、“托德尔酒家”餐饮公司等产业。

虽然史密斯家境优越，又深受父母喜爱，可命运还是给他带来一些“美中不足”——他天生就有身体缺陷，因为髋骨变形，所以从记事起，他就已经在佩戴背甲、拄拐杖了。史密斯的遭遇偶尔会迎来陌生人好奇的眼光，有一段时间，他为自己的身体而感到深深的自卑。但史密斯的母亲是一位非常坚强的女性，她不停地鼓励自己的小儿子，让他相信自己和正常人相比并没有什么两样，史密斯那过人的自信心也就来源于此。母亲不仅在心理上帮助儿子，同时还尽力安排儿子接受最好的治疗，并鼓励他多和外界接触。通过母亲的一番努力，小史密斯变得越加开朗起来，也受到了很多人的喜爱。到史密斯准备上中学时，他不仅摆脱了这种疾病，还成为学校的运动健将。

1962年，史密斯考入美国著名学府耶鲁大学。虽然他成绩优秀，但与学习相比，他对社交活动更感兴趣。由于对飞行抱有浓厚兴趣，史密斯参加了大学的飞行俱乐部。随着对飞行认识的不断深入，他从中发现了商机——原来，当时很多航空公司拖运的包裹大多不能按时送给收件人，可见，若能成立一个“讲究时效”的货物运输空司将具有十分广阔的前景。

从耶鲁大学毕业后，史密斯先是到西点军校受训，继而开赴越南战场。当他退伍后，他决定要做一些更有建设性的事。终于在1971年，“联邦快递”公司成立。

公司成立之初，运行谈不上顺利。史密斯不仅要面对客户市场开辟困难的问题，还要面对某些政策上的限制。有人说：“联邦快递公司成立后的最初三四年里，它本来会破产五六次。”但史密斯不愿放弃，他的伙伴们也不愿放弃。在如此艰难的环境中，他们一直相信自己的眼光是正确的，也相信困难只是暂时的，所有麻烦都会过去。这个原本不被外界看好的新公司，就是靠着员工间不断的相互鼓励一直坚持着……

1972年，“联邦快递”迎来了曙光。史密斯投资75000美元组成了高级顾问小组，其中包括专家、飞行员、技师，甚至是广告代理商。他们着手对市场进行再研究，并制订出新的运营计划，同时，史密斯还从亲朋好友处筹得9600万美元用作投资。随着美国科学技术的发展，旧的运输系统的更新指日可待，而“联邦快递”正是颠覆这一传统理念的公司。1973年4月，联邦快递几经周折，终于再次上市。

然而，公司的开局情况却相当糟糕，并且持续亏损，面临倒闭。为了争取更多的资金弥补亏损，也为了安抚那些对联邦快递丧失安全感的客户，史密斯忙得焦头烂额。为了还债，他卖掉了自己的飞机，甚至用伪造签名的方式提走了两个姐姐的钱；他努力开拓市场，保持市场最低价格……他的这种坚持不懈的精神使公司的员工们感同身受，于是，也就引发了在资本主义市场中极为罕见的一幕：送货员抵押自己的手表来倒贴汽油费用；当法院来查扣史密斯的飞机时，员工们集体商议、隐藏飞机；还有更多的员工自愿在午夜时分加班，清理仓库中堆积如山的包裹和货物……

此情此景让史密斯深受感动，他曾在某家报纸上买下整整10个版面表达对员工们的感激之情，并且用西点式的致词作为整篇报道的结束语："你们的工作非常出色，你们对自己的事业具有高度的责任感。"当然，史密斯的感动并不仅限于口头，后来，他更是给予了员工们非常高的物质回报。并且，他还作出承诺："联邦快递不裁员、给出业内最高工资、公司的利润共享"等各项政策，使得公司不仅复活，而且迅速崛起。

1975年，联邦快递正式步入赢利时代，除了当年的营业额高达7500万美元，同时还拥有了3.1万个固定客户。联邦公司不仅成为平民百姓最为信任的快递公司，还得到了其他大公司，甚至是医疗机构的信任，他们委托联邦快递运送重要零件、血浆、移植器官、药品等各种重要物品。联邦快递一下子成为美国最具影响力的快递公司，服务网络延伸至全国130个城市。

1977年，史密斯被纽约一家杂志评为全国十大杰出企业家。

1983年，联邦快递的营业额高达10亿美元。1990年，联邦快递因其完美的服务获得著名的“马尔科姆·鲍得里奇奖”，并因其是美国历史上第一个获此殊荣的服务性企业而名噪一时。1999年，联邦快递成为世界上最大的24小时快递公司。

而现在，许许多多来自世界各地的商业后辈们都愿意支付250美元、花几个小时参观联邦快递公司在孟菲斯的总部。一点也不出乎意料的是，所有人都会被联邦快递员工们那昂扬的热情所感染。在面对人们好奇的询问时，史密斯有时会总结一句：“如果没有当初所有联邦人的倾力奉献，也就不会有今天的联邦，更不会有今天的我。”

俗语说：人多力量大。**一个好的团队可以帮助组织或机构起死回生，而一个不合格的团队却很有可能拖领导的后腿，可见，团队的管理相当重要。**团队不仅能使我们在执行任务时感到有后盾支持的安全感，更重要的是，在面对个人难以解决的问题时，就可以借助组织中的其他人或者所有人的力量来寻求解决之道。

但是，任何一个团队都是有松懈的可能的，或许因为意见不合，或许因为利益的驱使，都有可能造成团队中的矛盾。而领导就要在平时特别注意这些矛盾的苗头，在事态严重之前加以解决，这才能保证整个团队的长久和平衡。

首先，领导要时刻留意自己的团队是否会出现凝聚力不足的现象，如果不对这个问题加以重视，将很有可能导致团队最终解体。当所在团队有些许倾向时，领导可以带领同伴们进行各种娱乐活动，例如聚餐、短途旅行等来缓解这日渐紧张的压力。

其次，对于团队所要挑战的目标，不要一下子定得过高。可以想象，我们在平日的工作中得到委托人的肯定时，都会产生一种成就感，而如果定下一个与自己实力不相符的目标时，很有可能因失败而打击士气。虽然富有挑战精神值得称道，但稳扎稳打慢慢向前走，也不失为提高团队凝聚力的方法。

最后，作为一个领导，毫无疑问要拥有绝对的执行能力。有句成语叫“群龙无首”，说的正是如果没有一个好的领头人，那么这个团队也将变成一盘散沙。如果领导缺乏执行能力，下属就有可能毫无管理概念可言，于是造成谁也不服谁的局面。这样不要说提高工作效率，就是团队的生存也是前途黯淡。

一个好的团队能使梦想变成现实，一个好的团队能铸造意想不到的辉煌战绩。无论何时何地，团队的力量都不可忽视，团结就是力量。只有集合大家的能力，拧成一股绳，才能更加坦然地面对困境、稳步前进。

行动指南

明确团队前进的目标，大方地进行信息共享，时常进行效率评估和奖赏，制定合理的团队制度，建立积极而公平的工作氛围。拥有一个好的团队，就是这样简单。

Chapter 4

第四章 团队管理

阿波罗宇航员弗兰克·博尔曼：世界上从来就没有“孤独英雄”

人们在一起可以做出独自一人所不能做出的事业。

——阿波罗宇航员弗兰克·博尔曼

西点新生在入学第一年，既不急于接受正规的军事教育，也不忙着贯彻规章制度，他们上学的第一堂课就是：“做一个杰出的服从者，以便能够受到学长们的‘照顾’（学长们管理新生的服装仪容，还会罚新生背诵相关知识）。”全体新生同心协力，“合作以毕业！”

在以严格著称的西点军校中，我们还可以时常看到这样一种温馨的情景：每个人在路上相遇时，都会真诚地彼此致意；当某位学员跟不上学习进度时，其他学员就会主动去帮助他；而当谁的汽车或是收音机等私人物品坏掉时，即使他来不及发出请求，也总是会得到别人及时而热情的帮助。西点人从入学时就在接受“合作”教育，他们也切实地将这种理念融入日常生活之中。

以首次环绕月球闻名的阿波罗号宇航员、西点优秀毕业生弗兰克·博尔曼同样秉持着这一合作精神，并将它运用到自己的事业之中。博尔曼说：“世界上从来就没有‘孤独英雄’，只有将人们聚集在一起，才可以做出独自一人所不能做出的事业。”

博尔曼说得非常精准，任何时代任何地域都讲究团结合作。在当今社会，具有合作和互助精神的人更加受到信赖与支持。在我国有一首脍炙人口的歌曲也大力肯定了这一理念：“团结就是力量，这力量是铁，这力量是钢，比铁还硬，比钢还强……”

弗兰克·博尔曼于1928年3月14日出生在美国印第安纳州。博尔曼从小便患有一种病，这种病在阴冷潮湿的天气中会反复发作，而印第安纳州的气候正是如此，这十分不利于小博尔曼的成长。于是，博尔曼的父亲带着家人迁到了亚利桑那州南部的图森。生活在图森宜人的环境中，博尔曼的病也渐渐好转起来，再加上他从记事起就已生活在这里，所以就一直将图森视为自己的故乡。

1950年，博尔曼从西点军校毕业，西点传授给他的知识让他在步入社会时更加自信，同时，在学校中奉行的合作精神更是成为他做事的重要标准。他的同学在回忆起他时说道：“博尔曼不是一个独行侠，他总是热心地帮助别人，并且在执行任务时特别注重因人而异地实行分工合作，不仅最大限度地发挥了我们的长处，也使他成为我们之中最令人信赖的领导者……”

博尔曼在离开学校后，和部分同班同学一起加入了空军，成为了一名战斗机飞行员，这一飞就是12年。在这12年间，博尔曼和同伴们因表现出色，多次得到上级的褒奖。当其他组的成员向博尔曼询问成功之道时，博尔曼只是轻轻一笑，只说一个词：“合作！”西点教会了博尔曼合作，博尔曼又用这种精神影响了更多的人，“合作”宛如春的暖阳一样，从博尔曼起始，照亮了他身边越来越多的人。如今，很多人在回忆起博尔曼时，仍对围绕在他身边其乐融融的气氛津津乐道。

1962年，表现突出的博尔曼被美国宇航局选入第二组宇航员，他从此开始了辉煌的航天生涯。

为了更好地在地球以外完成航天任务，宇航员们在前期都要接受十分严酷和令人难以忍受的各种训练，有时这种训练将是封闭性的，所以博尔曼几个月不见阳光是正常事。除了每日例行的自己测量体温、血压和体重等数据，宇航员还要从自己的大便中抽取样本，以备观察；一日三餐差不多都是冷冻食品和压缩干粮，当然他们可以在模拟舱内的温室里种蔬菜，并选择一些蔬菜来配餐。虽然时间长了，成员们都十分思念家人，但作为一名专业的宇航员，他们要默默忍受这种煎熬。

博尔曼后来曾回忆道：“……每天的生活是既忙碌却又单调的，尤其对某些家伙来说是相当难以忍受的。你知道，太空舱内是不允许吸烟和饮用酒精饮料的。有段时间人们显得非常焦躁，像火柴一样一点就着。后来我想我们可不能这样下去，如果最后试验失败，大家这些天的辛苦不就白费了？所以我开始拉他们一起打扑克，甚至还组了个临时乐队，好在效果不错。后来我们相处融洽，平安地完成了试验。”

1965年，博尔曼与吉姆·洛威尔合作了他的首次太空任务——双子星7号，洛威尔此前已经在双子星6A号任务中执行过人类首次太空集合。这次合作为他们日后重逢打下了基础。1968年12月，博尔曼作为指令长执行阿波罗8号环绕月球的任务，再次与洛威尔相遇，而另一位成员是威廉·安德斯。

三位宇航员各有分工。在阿波罗8号发射前5小时，宇航员们就已经开始做准备工作，博尔曼接到的任务是进行7小时睡眠，这样做的作用是保证任何时候都有一名宇航员保持清醒状态以应对可能出现的突发事件。7小时后博尔曼醒来，他感觉身体不适，并呕吐两次，还有腹泻症状。博尔曼不想惊动美国人民，但两位同伴坚持要报告给指挥中心。于是，洛威尔和安德斯将博尔曼的数据回传，并将因失重而漂浮在舱内的呕吐物和粪便清扫干净。指挥中心反馈的结果显示，博尔曼很有可能得了太空适应综合征，这种病症很常见，大约有三分之一的宇航员在第一天进入太空时都会得这种病。三人看到这个结果，大大松了口气。

此后的航行一直平安无事。当阿波罗8号第四次进入月球背面时，三位宇航员第一次看到了“地出”，他们赶紧拍下了这历史性的一幕。后来任务结束后，博尔曼和洛威尔开玩笑似地声称自己才是第一个拍下“地出”的宇航员，但当媒体进一步询问时，二人不约而同地笑着拍了拍安德斯的肩膀。

就在安德斯继续拍照时，洛威尔开始操纵航天器，以便让博尔曼可以休息一下。博尔曼小睡了一会儿，但精神一直没有放松，当航天器与指挥中心交流服务推动系统问题时，他一下醒来了。原来，两位搭档一开始并不理解指挥中心的问题，很多数据必须经过不断重复才能听清，但因太空与指挥中心会产生20多秒的回传等待，这将浪费多少时间啊！

交流结束后，博尔曼发现两位搭档都十分疲倦，每人都顶着两个大黑眼圈。身为指令长，他命令安德斯和洛威尔马上去睡觉，接下来观测月球的任务全部临时取消。安德斯坚称自己并无大碍，可以继续工作，但博尔曼才不信他那一套，身体不行拿什么本钱去工作？可安德斯非常顽固，最后，在博尔曼将摄像机架在窗口自动拍摄月球表面后，他才心满意足地答应去睡觉。

在接下来的几天里，三位宇航员就是这样，相互体谅、相互照顾，认真地完成了所有任务。当他们准备飞回地球时，博尔曼对地面笑言：“请你们听着，圣诞老人确实存在。”地面通讯员肯·马丁利回复道：“确认，你们是最适合发现这一秘密的人。”那一天是1968年的圣诞节时分。

多年以后，当谈起这段不同寻常的经历时，已步入花甲之年的三位宇航员都会异口同声地说出这样一句话：“感谢他们对我

的帮助，这是任何东西都无可替代的。”

在竞争越来越激烈的当今社会，单打独斗的“独行侠”早已被时代抛弃。随着社会的发展越加高速化与便捷化，“团队合作”成为诸多领导放在心头的第一理念。诚然，没有人能够单靠一己之力，迅速而顺利地取得成功。刘备尚有一位过人军师和两位出色的武将兄弟才壮大蜀国，博尔曼更是依靠搭档的帮助与支持，才顺利走完了月轨之旅。可见，任何成功人士的背后都离不开一个支持他的团队，离不开团队的出谋划策与抚慰扶持。

但团队也不是说随便拉几个人来填补都没问题，每个人性格各不相同，所以在选择伙伴时，要特别注意是否志同道合；另外，还要时刻将团队的理念灌输给每个成员，打造出一种向心力和凝聚力；最后，团队成员的分工既要明确，又要相互合作，让每个人都各得其所，发挥他们最大的自身价值。

无论多么出色的领导，都不可忽视团队的力量。只有拥有志同道合的伙伴，才能使前进的动力更加充足，才能使前进的道路更加顺畅。况且，在任务进入瓶颈期或是面临失败时，你还可以借助他人的力量来寻找突破的方法。“三个臭皮匠，赛过诸葛亮”，群体的努力总好过 人单抗。

Chapter 4

第四章 团队管理

行动指南

选择最适合自己的伙伴，并给予绝对信任。在平日工作中要注意合理分工，因人而异分派任务，保持成员的积极性。你还可以时常组织团队成员进行一些讲究合作性的娱乐活动，像足球、篮球等，以便更好地培养整个团队的融洽性。

希尔斯公司领导罗伯特·伍德：
我们联合起来就可以战胜一切困难

不论再强大的士兵都无法战胜敌人的围剿，但我们联合起来就可以战胜一切困难，就像行军蚁（美洲的一种食人蚂蚁）一样把阻挡在眼前的一切障碍消灭掉。

——希尔斯公司领导罗伯特·伍德

齐心拧成一股绳的联合性，是整个团队合作的基础，也是西点军校一直在努力告诉学生的道理。在学生们开始学会如何面对战场时，首先要做的是在心里树立团队合作理念，让他们了解共享的重要性，排除个人动机，服从团队意识，这样才能取得最终胜利。

罗伯特·伍德在回忆起西点生活时，甚为怀念：学员们在日常生活中都会养成彼此帮助的习惯。你可以看到，每个人在团队中都能发挥他的价值，即使是平常表现平平的学员，也会感到自己充满力量，变得更加坚强起来——“在西点，依靠并不是一件可耻的事。只要你依靠的是你所信赖的、是和你一样坚强而志同道合的伙伴。”

有些领导认为，总是服从于团队会埋没个人意志，限制个人发展，而西点的理念却正好截然相反。西点认为，一个具有团队精神的集体，很可能完成个人无法独自完成的事业。毫无疑问，西点是正确的，它向这个社会输送了众多成就斐然的才能之士，每一位都具有独特的个人特质，但有一个特质是他们所共同拥有的，那就是合作精神！

罗伯特·伍德早年就读于西点军校，专攻陆军士官的工兵科。在西点，他学会了很多生活原本无法传授给他的东西，同时也以谦虚好学、热情助人而受到西点师生的喜爱。

毕业后，他以陆军中尉的身份被遣派到菲律宾服役，几年后，他又因表现优异被调往巴拿马。在巴拿马，他对运河、铁路等各种重大工程建设的相关工作认真负责，取得了辉煌的政绩，也因他不可抵挡的个人魅力，再次赢得了上级的认可和下属的爱戴。之后，伍德带着所有人的敬佩从陆军中光荣退役。

然而伍德并没有轻闲很久，随着战争爆发，伍德应召入伍，这一次，他主要负责军需物资的补给、采购、运输等方面的工作，正是这段经历为他后来在商场上的成功打下了基础。后来，他出色的表现为自己赢得了联邦政府的荣誉勋章，并且还晋升为将军。

战争结束后，伍德开始尝试将目光投放到其他领域。

希尔斯公司的原型是一家钟表公司，在18世纪80年代，做车站代理的理查德·希尔斯从一位破产钟表商那里以低价收购了一批钟表，然后又转售给其他车站代理商，从中赚取了丰厚的差价利润。于是，希尔斯钟表公司诞生了。1887年，希尔斯迎来了第一个合伙人，一位年轻但富有经验的制表匠罗巴克，从此希尔斯凭借出色的营销与过硬的质量成为美国著名的钟表品牌，并开始尝试涉足零售业。

1925年，伍德成为希尔斯的第三位得力伙伴。伍德与两位出身商贾的搭档不同，在西点的学习和军旅生活使他具有更加果决勇敢的气质。希西斯在日后回忆当年时曾说道："我们在城市中只进行很小的经营业务，我们将每个城市假设成领地，然后梦想着终有一天这些城市真的会变为我们的领地。伍德就是我们的证明人。如果没有他，我们大概还在连锁的道路上犹犹豫豫。"

可是，第二次世界大战打乱了他们的计划。因时局混乱，社会动荡，不要说进行公司扩张了，就是最基础的邮购业务也受到了很大打击。伍德并没有灰心，希尔斯和罗巴克也没有，他们一直相互鼓励着："战争马上就要结束了，我们的时代就要到来。"虽然经营状况曾一度恶化，他们几次都险些坚持不下去，但希尔斯团队仍然没有放弃，他们相信自己一定能够等到重见曙光的那一天。

战争期间，他们以养精蓄锐为主，并不急于改善经营状况。他们安静地度过那段最为难熬的时日，并等待时机。待战争一结束，他们立刻重启扩张计划。

从前，希尔斯经营的特点是以邮购为主，并且仅靠这一经营方法就赚得高达1.6亿的利润。从军队中获取的业务经验告诉伍德，这个额度已经是该经营方式的顶峰，往后的空间将会很小，再加上战后经济危机的影响，恐怕连这个营业额也难以保证了。他把这一想法告诉了希尔斯和罗巴克，二人也都表示认同。于是，三人通过对时事的认真分析，决定制订一个战略转移计划——从邮购式营销向零售业转型。其实，这也正是伍德最初在进入希尔斯时最想做的事情。

后来，罗巴克先生又提出了另外一个假设，经营店铺增多，将意味着管理难度加大，有没有办法可以解决这一问题呢？三人经过反复考虑与商议，终于找到了一个最适合的计划：为了加强美国分部分店的管理，西尔斯在美国西海岸设立了管理分部，另外在其他地区也相应设置了4个管理分部，这些管理部将全面负责各区域的采购、宣传、供应、销售等一条龙事务。这个改革不仅减轻了总部的指挥压力，还更大地发挥了集中管理的优势。

从1925年到1929年的短短4年间，希尔斯陆续开设了325家零售店，到1931年更是增加到378家，营业额很快赶上并超越了当年邮购式经营的最高营业额。仅仅6年，伍德就使希尔斯赶超过去50年的辉煌业绩，并使它最终发展为百货业的连锁巨头。如今，希尔斯集团仍在针对市场变化不断做出调整，并全面打入世界市场，在拉丁美洲、加拿大、欧洲等地都建有销售网络，成为世界上最大的百货公司之一。

希尔斯能获得今天的成就，与伍德所发挥的作用是分不开的。希尔斯先生在评价自己的营销生涯时曾说："如果没有伍德，恐怕希尔斯公司在第二次世界大战时就已经消失了。多亏了伍德，才让我们的梦想这样迅速地得以实现。"罗巴克先生在谈起伍德时显得更加依赖："在你迷失方向的时候，他总会告诉你下一步该往哪里走。倘若那时没有伍德，我们恐怕还在原地打转呢。"

伍德在听到两位搭档的评价后，非常谦虚地说："我个人并没有他们所说的那么伟大。如果没有他们二位的支持与出谋划策，我肯定不会走得如此顺利。最重要的是，如果没有他们，也就没有希尔斯的存在。"

罗伯特·伍德被希尔斯人称为"零售扩张之父"，他得到这个嘉奖是实至名归的。但是，伍德一直将合伙人的功劳挂在嘴边，坚称若仅靠他一人，没准在第二次世界大战时期就已经放弃了。西点教会它的每位学子如何贯彻合作精神，伍德毫无疑问是个中翘楚，而他也正用他的一生向世人成功地展示了这一理念。

对于西点学员而言，没有个人动机，有的只是团队的最终目标。小孩子都知道一加一等于二，而在团队协作中，这一公式并不完全成立，依靠每个人与众不同的个性、经验、人际关系等，最终所创造出来的成就可能等于十、等于一百，等于一千……

合作是新世纪人类最讲究的处事法则，没有他人的帮助，你将无法在社会上立足；没有他人的协助，你甚至很难在这个世界上生存下去。一个人无论如何强大，力量都非常有限，但如果把千千万万个“有限的力量”聚集在一起，我们将看到异常强大的效果。

很多工厂都实行流水线作业，简单说虽然是“埋头干自己的活”，但放眼全局，这种流水线理念就是将合作精神贯穿始终。我们以“针”举例：一根针的制作工序无非以下几步——抽丝、拉直、截切、削尖、磨圆、穿孔、上色、包装等。假如这些工序全部由一个人来完成，一天最多能做20根针。可是，如果把这些工序分开进行，由不同的班组找准一头重点制作，进行分工合作，这样一天下来可以生产7200根针，足足是原来的360倍！

所以，善于合作在团队中显得尤为重要。**领导除了要宽容地看待他人的意见，例如西尔斯无条件支持伍德大搞扩张计划那样，还要允许他人提出不同意见，**尽管这意见或大胆或不可思议，却很有可能成为给团队带来生命之光的金点子。

最后，请记得你与团队成员是坚定的伙伴关系，是一起分享荣耀一起承担困苦的同伴，如果机缘让你们走到一起，就请给予对方绝对的信任。

行动指南

虚心接受伙伴的意见，并找出它的可操作性。既不要妄自菲薄，也不要自高自大，在团队中，每个人都是平等的，每个人都有他存在的价值。不要拒绝他人的帮助，有时也要学会依赖他人，这会让对方感受到你对他的信任。

Chapter 4
第四章 团队管理

陆军少将罗伯特·安德森：在国家利益面前，个人利益显得微不足道

与国家相比，我们每个人都只是沧海一粟。

——陆军少将罗伯特·安德森

释迦牟尼曾经问他的弟子："怎样才能让一滴水不干涸？"

弟子们相对无言。

释迦牟尼说："把它放到大海中去。"

有人问："怎样才能保证每个家庭幸福平安？"

美国南北战争时期的著名陆军少将罗伯特·安德森则说："国家安定则个人才能安定，与国家利益相比，个人利益显得微不足道。"

不管是释迦牟尼还是罗伯特·安德森，他们实际上都透露了这样一个道理：团队利益高于个人利益。

不管一个人如何完美，也只是一滴水而已，而我们所在的团队、集体组织就是包容我们的大海。我们的自身潜能靠团队成员激发而实现，我们的价值靠大家的肯定而存在。一个人再怎么优秀，如果过于标榜个人能力，那么他的发展空间也将十分有限。

我们从小就在学习大雁的团队精神，“一行大雁南飞，一会排成‘人’字形，一会排成‘一’字形……”大雁们只要自己飞就好，何苦还要时刻变换队形，又费力又费心呢？原来，头雁飞在队首时，它们的翅膀产生的空气涡流能为后面的雁提供升力，这样后面的雁飞起来就省力多了，还节省体力，所以，雁群都是轮换做头雁的；排队的飞行方式可以帮助它们比单飞时多飞出12%的距离，这样既能提高飞行效率，还不会迷失方向，也不会让任何一只雁掉队。

可以想见，假若每只雁都怕苦嫌累，不愿做那只领头雁，那么它们又如何顺利飞到南方过冬呢？所以，有团队才会有个人，只有保持团队的稳定、发展、壮大，个人的利益才能得到保障。

罗伯特·安德森于1805年出生于肯塔基州路易斯维尔附近，他的母亲是美国首席大法官约翰·马歇尔的表妹。这位母亲用她博大的价值观深深影响了几个子女，罗伯特·安德森本人是著名的陆军少将；他的弟弟查尔斯曾任俄亥俄州州长；另一个弟弟威廉是西部探险家，同时还是热心的美利坚联盟国支持者；安德森的侄子托马斯准将曾参与过美西战争和美菲战争；另一个侄子拉兹是外交家……

安德森的母亲无疑是位非常伟大的女性。她从子女的童年时代开始，就教导他们团结的意识。孩子们生性乖巧，都十分愿意帮妈妈分担家务，而安德森女士就会将这种机会利用起来，给孩子们分列出各种工作，教会他们分工协作的优势与意义——“只有每个人都做好分内工作，我们的家才会越来越好。”渐渐地，这种合作精神渗透进了孩子们的思想中，对他们今后的生活也起到了良好的作用。

待孩子们懂事后，安德森女士又教导他们以联邦为荣，以国家利益为上的道理。虽然那时孩子们并不能完全理解，但这种思想还是在脑海中扎了根，成为他们以后做出各种人生选择的路标。

罗伯特·安德森是母亲极为疼爱的儿子，所以从小受到的耳濡目染更多一些。他小小年纪就立志报效祖国，并为此努力学习，成绩一直名列前茅。所以，他最终考入西点并不意外，他的师长和同学都认为这就是板上钉钉的事，“如果他考不上那才是见鬼了。”安德森的老师曾这样开玩笑说。

毫不令人惊讶，安德森在西点中的表现同样出类拔萃。1925年，他从西点毕业后立即被授予少尉军衔。1932年，安德森以伊利诺伊州志愿兵上校的身份参与了黑鹰战争，期间两次征召了上尉亚伯拉罕·林肯。后来，安德森多次在各种大小战役中获得提升与嘉奖，然而让他真正扬名的还是萨姆特堡战役。

萨姆特堡始建于1827年，处于查尔斯顿门户要塞位置。1860年年底，得知林肯当选美国总统后，萨姆特堡所在的南卡罗来纳州宣布脱离美国联邦，并于1861年2月4日同南方其他6州组成与北方联邦对抗的南部邦联。

因为萨姆特堡具有极其重要的战略意义，所以在12月26日，罗伯特·安德森秘密撤离此前驻守的莫尔特里堡，将部队转移至萨姆特堡。虽然萨姆特堡内设施简陋，军事装备数量不足，但因其地势过于关键，还是成为南邦联军队的重要关注对象。

虽然萨姆特堡被南邦联围困已成为孤岛，南邦联政府也曾多次要求安德森撤离此地，但都被安德森拒绝了。因为安德森深知，此地对北方联邦意义重大，必须拼尽全力驻守。随着堡内补给日渐稀缺，林肯总统欲通过水运向堡内输送给养也均告失败，这种情形对安德森部队真可说是雪上加霜。但他们并没有放弃，尽管南邦联又接连三次派使者前来劝降，安德森依然不为所动。

4月12日凌晨，南邦联终于再无心思与安德森周旋，于是干脆下令，集合所有大炮向萨姆特堡开火。也正是这场炮轰，拉开了美国南北战争的序幕。

其实，在南邦联开火之前，安德森少校曾望着炮台沉思良久。他不使用军队里最强的大炮，因为这些大炮均位于堡顶，如果在那里展开反击，肯定会给炮兵带来伤亡，这样就会损失部队中的精锐力量。所以，他只能利用地势掩护，再加上威力较小的炮予以还击，可惜这种方式并不能真正打击到南邦联军。

南邦联的军事打击整整持续了一整天，整个萨姆特堡仿佛被浓烟所笼罩，四处皆是鸽灰色的烟尘，甚至连人影也辨别不出。这时，几里之外的北联邦军忧心如焚，司令官福克斯原本试图用小船给堡内输送给养，然而因水势险峻，他只能眼睁睁作罢。

没有给养，没有足够的军火，也没有多少兵力，即使如此，安德森还在坚持还击，尽管收效甚微。受伤人数越来越多，安德森看在眼里急在心上，这些士兵都非常年轻，在这种简陋的条件下顽抗无疑是以卵击石。

此时，南邦联再次派来了使者要求与安德森会面，安德森答应了。那使者彬彬有礼道："先生，现在是你们停止抵抗的时候了，你们已经被浓烈的火焰所包围，而且你已经为你的旗帜进行了英勇的抵抗。先生，你愿意撤离吗？"

安德森明白自己的抵抗毫无用处，再拖下去肯定也是白白葬送士兵的性命。虽然在他的印象里，"投降"这一概念是非常可耻的，可他看到出生入死的伙伴们筋疲力尽的样子，也顾不得许多了。

"我同意撤离，"安德森回答说，"如果我和我的士兵们能够有尊严地离开萨姆特堡。"

使者答应了。于是，白旗替代了飘扬在萨姆特堡上空的星条旗，安德森和他的部队离开了这里。值得一提的是，安德森军以非常薄弱的力量反击南邦联军，结果却是无一人阵亡。

虽然安德森最后不得不投降，但他在萨姆特堡的英勇表现感动了北方人民，他迅速成为了国家英雄，也因此晋升为陆军准将。他带着原本插在萨姆特堡的33星国旗回到纽约，不仅掀起了英雄热潮，还举办了一次极成功的征兵活动。

后来，安德森多次在战斗中被委以重任，他英勇的表现从未令人失望。1871年，安德森在法国尼斯逝世，被安葬于西点公墓。

作为团队中的领导者，因拥有崇高的地位与最大化的利益，似乎更容易迷失方向。所以，**领导者在平时就要多注意与团队成员的相处方式，不要搞个人主义；也不要因私欲而为自己走后门、开小差；更不可被荣誉的光环冲昏头脑，认为自己是团队的核心，“非我不可”，这些想法都是十分危险的。**它们会腐蚀领导者的意志，同时会慢慢渗透到团队成员中，造成成员腐化、团队解体的恶果。

在任何团队、组织、机构，甚至是国家中，没有任何一个人的利益可以脱离集体而独立存在，只有集体繁荣昌盛，个人的利益才能够得到保障，例如我们常说的，国家避免战乱，人民才能安居乐业。但如果每个人都只顾实现自己的利益，将集体安危抛到脑后，当集体的利益被抛弃，根基动摇之后，到那时所有人形同一盘散沙，又何谈保护自己的权益呢？可见，失去集体这个后盾，个人的利益就将不复存在了。

行动指南

将自己与团队伙伴一视同仁，绝不自我标榜，绝不区别对待。有福同享，有难同当，不要因小失大，尽量以大家的集体利益为上。把他人的事当成自己的事来看待，当你把团队利益置于个人利益之上时，你将会收获更多。

美国劳恩钢铁公司总裁卡尔·劳恩：整体的巨大力量来源于个体的服从精神

军人要学会的第一件事情就是服从，整体的巨大力量来自个体的服从精神。在公司中，我们更需要这种服从精神，上层的意识通过下属的服从很快会变成一股强大的执行力。

——美国劳恩钢铁公司总裁卡尔·劳恩

在西点军校里，流传着这样一句话：“不会服从，就不会领导，没有服从的激情，就没有命令的威严。”

西点的新生来自不同的家庭、社会阶层，他们肤色不同，或许连信仰也各不相同，但有一点却是一样的，那就是他们都会面临一场说大不大说小不小的考验。

在初入学时，新生们都要舍弃自己时髦的一面：男生一律剪成短发，有时那会使他们看上去仿佛没有头发一般；而女生则要将头发全部紧紧地盘到脑后。除此之外，他们还要当场试穿那些配色低调的灰白制服、黑皮鞋、白帽子和白手套。一旦进入西点，他们就要同自己往日光鲜亮丽的服饰告别了，取而代之的是冷峻与成熟。

整顿行装之后，他们将被分配到各个训练营，继而接受一项速成训练——学习如何踩着低音鼓的鼓点列队前进，然后在随后的观礼仪式中走出自己的风采。

完成这些程序只需短短一天的时间，却能将新生们紧密地团结在一起：衣装整顿意味着绝对服从，而军仪演练就是为了激发他们的合作意识，通过集体活动培养他们的激情。西点正是这样简洁直观地将“服从”作为新生的第一课，学生们在以后的日子里，也将以此为基准，通过不断的服从与被服从来培养自己的领导能力，进而追求自己的人生目标。

美国劳恩钢铁公司总裁卡尔·劳恩是西点军校的第52届毕业生，在谈起今日的成功时，他依然不忘对昔日在西点受到的教育给予肯定：“在西点，你要上的第一课就是学会服从。你要学会服从集体，走好每一步，这样才能在开学典礼上不被人看笑话；你还要学会服从上级，在西点没有个人主义，在战争中，这大概是很要命的东西……”

卡尔·劳恩出生于美国一个普通家庭。他从小成绩优异，并早早就拥有了自立意识。在他上中学时，就已经不想再向家里伸手要钱了，他决定依靠自己的能力来赚得书本费。送报纸、送牛奶他都做过，不论遇到刮风还是下雨，他总是会准时将货物送到客户手中。

在劳恩家附近有一些私人建立的炼铁厂，它们一般规模不大，门禁管理也不是很严格，货车在厂间进进出出，都会带起一些铁砂，这一点让劳恩发现了新的商机。于是，他搞到一块吸铁石，又从家里找出一个破旧水壶，开创了自己新的职业道路。

每天放学后，劳恩都会抽出半个小时的时间去炼铁厂门口，用吸铁石吸铁屑，然后慢慢收集起来，等集满一个水壶的量时，他再将这些铁屑倒卖给炼铁厂。虽然这点铁屑对厂子来说微不足道，但负责人看到劳恩年纪轻轻就开始寻找各种机会勤工俭学，很是感动，所以便成了他的固定买主。报酬不多，但够劳恩几日的饭钱，也算是节省一笔开销了。

时间一长，左邻右舍的小孩们见劳恩靠“吸铁”有钱可赚，于是也纷纷拿起了吸铁石。久而久之，劳恩就从中发现一个问题：不少孩子为了多吸铁、多拿钱，甚至搞起地盘战，为了宣布对该厂房地盘的所有权偶尔还会打架斗殴。眼看着小伙伴之间的戾气越来越重，他开始思考，难道就没有一条共赢的路可走吗?

经过几天的思索，劳恩想出了一个办法。他先把所有参与吸铁工作的孩子集合起来，然后给他们开了一个小会。会上，劳恩首先阐述了近日来大家的负面情绪，这很不利于大家以后的“工作”。另外，由于这种不正常情绪的蔓延，使大家原本良好的关系也开始恶化了，“不管是为哪方面着想，我们都应该做出改变！”

劳恩用真诚说服了他们，大家都表示支持劳恩的提议。紧接着，劳恩又提出了一些具体的操作事项，例如将每人每天吸来的铁屑集中起来，然后一起倒卖出去，利益均摊。当然，组织可以容忍一次两次的“不佳业绩”，但如果长时间表现不佳的话，组织将质疑他“浑水摸鱼”，这样的话将减少该成员的报酬，情况严重将该人直接从组织中剔除。

大家经过思考后，都对劳恩表示赞同。所以理所应当地，组织的头目就由最早开发这一“职业”并提出这一理念的劳恩来担当。“我希望大家都能和平相处，争取赚到更多的零用钱。但是有一点你们要答应我，否则我不能保证大家今后的利益。”众人面面相觑，劳恩停顿半晌后，才说出了他的唯一要求：“那就是，你们要绝对服从我。”

劳恩并没有让大家失望，他成了一个很称职的小头头，在利益分配上做到公平公正，使每个人都拿到应得的报酬。或许是占了孩童的世界非常简单这一优势，在短短几年内，所有人都服从于劳恩的指挥，没有一人企图靠消极怠工来占他人的便宜，每个人都全力以赴，以“工作完成量最多”为荣，而他们也因此积攒下了一笔可喜的小积蓄。

如果说少年时代的经历仅仅是劳恩的一次试水，那么在西点军校求学的过程则大大加深了他对“服从”这一领导准则的认识。

在西点，凡是遇到军官问话，士兵一般只有四种回答：“报告长官，是！”“报告长官司，不是！”“报告长官司，不知道！”“报告长官，没有任何借口！”这所谓的“没有任何借口”意味着，即使你没能完成任务，也不能逃避责任。不管原因如何、受到什么影响，没完成就是没完成。你要绝对服从上级的指示，为自己的行为与其导致的结果负责。

有一回，劳恩在外地服役时，连长派他到营部去完成几个任务，这其中包括见一些人，向上级请示一些事，还要申请一些物资，如地图和醋酸盐。接到任务后，劳恩二话不说，立即出发了。连长一下子感到有些意外，因为当时醋酸盐储备严重不足，营部已经很长时间没有批准其他连的申请了，劳恩原本可以以此为借口向他推托一下，可是劳恩没有。

在完成其他任务后，劳恩找到负责军需补给的士官，希望他能从仅有的醋酸盐储存中拨一些给他。士官当然拒绝了。但是劳恩没有灰心，他一直缠着该士官，并滔滔不绝地向士官陈述本连的申请理由，列举各项可能发生的恶果，还以责任为由，遗憾地暗示士官恐怕无法承担拒绝补给而产生的后果。不知是劳恩的危言耸听真的唬住了士官，还是士官真的相信醋酸盐对他们的重要性，又或者是他被劳恩那不撞南墙不回头的韧劲打动了，总之，士官真的拨给了他一些份额，虽然量少，但这已是该士官的最大权限了。

就这样，“没有任何借口”的劳恩带着令其他营眼馋不已的醋酸盐回到军营中，完美地完成了所有任务。

从西点毕业后，劳恩重拾少年时代的“老本行”，靠着一点点积累资本慢慢开起一家炼铁厂。在他的领导下，炼铁厂越开越大，直到今日终于成长为美国首屈一指的钢铁公司。

如果你在劳恩钢铁公司中有亲朋好友，你就会知道他们在进入公司前必须学会的铁律，那就是“服从”：“服从自己的信念，服从自己的组织，服从上级，服从公司的指挥……”

西点将“学会服从”和“培养服从”作为训练的第一步。服从看似淡化了个人意志，实际上却从根本上培养了领导能力，培养了超越个人主义的奉献精神。有了这两种素质，领导者才能真正明确自己的目标，看清周身的现象与状况，才能早日实现自己的梦想。

不管在任何组织或机构中，每个人其实都是在“服从”，下级服从上级，上级服从集体利益。表面上看好像领导者拥有绝对的被服从权，其实不然。只要目标和奋斗方向一致，那么组织中所有成员的区别只在于职位与部门这些虚像，这并不影响大家最后冲向一个终点的本质。因此，一个健康明智的组织是没有独裁者的，层级领导只是方便管理的需求。领导者的权威应服务于集体利益，而不是只服务于自己的个人感受。

所以，作为一个合格的领导者，首先要明确“服从”的意义。**服从并不意味着单方面让下属服从于你，同时，你还要像劳恩一样，即便身居高位，也更要服从集体利益，**以所有人的权益和人生为重，负起这个责任，这才能使你的团队更加具有凝聚力。

行动指南

把自己分内的每一件事做好，制定严明的纪律，让每个人心中都树立起“没有任何借口”的服从意识。不要滥用自己手中的权力，权力能使你得到所有人的追随，但过于随心所欲地使用权力将使你一败涂地。任何时候都要记得，以“小我”服从“大我”。

Chapter 5

第五章 责任管理

从我们降生的那一刻起，责任就融化在我们的生命中了，它每时每刻都追随着我们。那么责任是什么？责任就是一个人分内应做的事。责任也意味着付出，意味着奉献。在生活中，我们努力让家人生活得幸福开心，父母健康长寿。这就是对家庭尽到了责任。在工作中，能够做到完成工作，坚守岗位，就是对工作尽到了应尽的基本责任。

我们既然已经从事了一门职业，已经被安排在了一个岗位上，我们就不能仅仅只是享受工作带给我们的快乐和益处，而是要接受工作的一切。因为从某种意义上讲，责任更胜能力。

坦尼科汽车CEO达纳·米德：
诚信是最重要的人格

诚信是最重要的人格。

——坦尼科汽车CEO达纳·米德

古人云："人而无信，不知其可也。"其意为：人如果不诚信，不知道他还有什么事可以做好。由此可见古人对"信"的重视。我们每个人都离不开群体。要想做到尽职守则，首先就要做到诚信。

无论是在家庭中、单位中，还是社会中，与人相处，能够得到别人的信任是十分重要的。诚信对于一名领导来说，是不可或缺的品格之一。

在21世纪的今天，团队、组织需要的是诚信的领导。"无信则不立”。一个不讲信用的领导，很难带领出一支讲信用的团队。而一个不讲信用的团队，则根本无法在社会中立足。只有诚信的领导才能够热切注视自己的目标，坚持自己的价值观，他们懂得诚信的价值，能够与人建立起长期的有意义的联系，并且用诚信来严格要求自己，达到既定目标。

坦尼科汽车CEO达纳·米德也曾经说过：“我认为，诚信是人类最重要的品格。”

1936年2月22日出生于爱荷华州奎斯柯市的达纳·米德，他不仅横跨产、军、政三界，并且在这三界都具有大规模组织的领导经验。1957年，他取得美国西点军校工程学理学学士学位，又在10年后获得了麻省理工学院政治学博士学位，并且是现任麻省理工学院的董事。

1970年至1972年间，米德曾担任尼克松总统的助理，还曾获选为“白宫学者”。后来，他又担任白宫内政委员会副主任。1978年至1992年间，他历任美国国际纸业公司人力资源副总裁、资深副总裁、执行副总裁。1992年3月米德进入了坦尼科公司，2个月后，担任坦尼科总裁。

1994年至1995年，1998年至1999年间，米德担任美国制造业协会和美国企业圆桌会的会长。他是第一位由同业人员推选同时担任过这两项崇高职位的企业领袖。

米德在金融界的地位可谓是举足轻重，他的成功不仅是靠他的经商头脑以及他过人的勇气和喜欢冒险的性格，更是靠他以诚信为本的高尚品格。

米德非常看重诚实守信，他认为，诚实守信是领导者最重要的人格特质。而把诚实守信这粒种子埋在米德心中的，正是他的母校——西点军校。

1953年，米德考取了美国西点军校。在西点的学生，可以说整整四年都在学习如何成为领导。学校开设了很多关于领导的课程，所有课程都反复强调几个基本点，其中之一，就是诚实守信。

西点注重荣誉的培养，在西点，撒谎是最大的罪恶。刚进入校园的米德，多少都有些不适应，这里是与外界完全不同的另一个世界。每个人都要为自己说的每一句话负责，口头的哄骗和被夸大的事实都会被视为欺骗行为。此外，学员在上交作业时，必须注明作业中哪些内容不是自己独立完成的，还要附上参考资料的详细来源。

一次，米德的同学参考了他的作业，但是并没有注明参考内容的来源，于是，教官给这位同学记了过，理由是他违反荣誉准则，并要求他将作业重写一份。这件事情让米德很是吃惊，在米德的心中，这并不是一件多么严重的事情。但是西点就是这样教育学员的——荣誉高于一切。在严密的生活环境下，米德养成了诚实守信的习惯，这个习惯也成了他终生奉行的一条准则。

在紧张的学习和训练之外，最重要的事情就是评估，不断评估。很早之前，在西点就存在着一套360度的评估方法。在西点，每位学员每年都会被评估两次。负责评估的，是自己的同学、学长、学弟，评估内容涉及训练、生活的方方面面。也就是说，你的一言一行都会影响你的评估成绩。而成绩，又影响着自己将来的去处。

米德在这种评估方式的影响下，谨慎小心地要求自己。并在每一次评估中，都能找到自己的缺点。他像其他学员一样，及时改正了自己的缺点。米德曾生动形容这种评估方式，他说："这就像一面镜子一样，让我们能时刻看清自己。"西点的这种评估方式，日后也被他引用到了企业管理中去。

时光飞逝，转眼间，4年的学习生活就已经结束了。1957年，米德从西点军校毕业后，曾在美国陆军装甲和空降部队服役，被授予陆军上校的职衔。米德随军征战德国和越南，过上了不断穿梭于德国西部和越南之间的生活。

在美国，大多数退役军官都会加入国防工业或企业，担任顾问。而米德却在服役期满后，出人意料地选择加入美国国际纸业公司。

刚进入公司时，公司的牛皮纸部门正处于亏损的状态，很多管理人员对此都束手无策，但米德却成功地将其改造成专门制作复印机用纸的部门，他的改革措施使亏损的部门摇身一变成为能为企业创造巨大利润的盈利性部门。

1992年，当米德进入坦尼科汽车公司时，他遇到了瓦尔士——坦尼科汽车公司前任总裁。日后，米德评价瓦尔士时说道：“他是一位非常有活力、非常重视诚信的人。并且他高瞻远瞩，他把自己这些特质发挥到了极致，他散发出一种让人甘愿追随的个人魅力。我深受他的影响。”

刚进入公司的米德，还是一个名不见经传的毛头小子。但是他讲信用，讲原则，踏实好学，很快就得到了瓦尔士的赏识。瓦尔士计划将自己的毕生经验全部传授给米德，并相信，在自己退休后，坦尼科将会在米德手中被发扬光大。

但是，不幸突然降临，瓦尔士在他50岁那年被诊断出患了脑癌，并且是晚期。在此之前，瓦尔士和米德曾经拟定了一份新闻稿，他们决定，如果瓦尔士的病情不能得到控制的话，为了避免公司遭受损失，他们必须公布这个消息。

当瓦尔士被确诊是恶性脑瘤后，他立即给米德打电话，要求他公布消息。米德照做了。瓦尔士信守承诺的行为，再次影响了米德，使得原本就在米德心中生根的种子，迅速生长起来。

瓦尔士去世后，米德接替了他的位置，成为坦尼科新任CEO。早在瓦尔士去世之前，坦尼科就已经陷入了困境。米德上任后，开始带领公司进行转型。公司被分割成两家上市公司：坦尼科汽车公司和派克提夫公司。在此期间，米德为坦尼科公司在18个国家开启营运据点。

米德也成为20世纪90年代企业管理革命运动的领袖之一。美国经济由于受到坦尼科公司和其他美国大型企业的影响，在

20世纪90年代末攀上了高峰，再度跃升为全球最大、最具有竞争力的经济体。

米德于1999年11月辞去了坦尼科公司董事长兼执行长的职位，并于一年后离开了董事会。米德目前担任乔治马歇尔基金会的理事及外交委员会委员，同时还是西点校友会的终身理事兼共同会长，以及哈佛公共卫生学院风险分析中心的高级咨询委员会的委员。

达纳·米德曾不止一次在公开场合强调诚信的重要性。诚信之所以被他一再强调，是因为他深知诚信的重要性。他致力于诚信，也受益于诚信。他以诚实守信为前提，通过不断的努力，才获得如此辉煌的成绩。

信任是相互的，只有自己讲信用，才能得到他人的信任。**作为领导，只有得到人们的信任，我们才能毫无顾忌、大刀阔斧地开展工作。**上级理解我们，体谅我们，并会在我们遇到困难时，为我们提供帮助；下级信任我们，支持支持，给予我们行动的动力。

天时不如地利，地利不如人和。诚信能使团队成员上下一心。领导只要能够公平地处理和安排工作，按照组织、团队内的规章制度办事，真诚地对待每一个人，就能够做到诚实。只要慎重地对待自己的承诺，不信口开河，并且减少无谓的承诺，一旦承诺了，就要努力去兑现诺言，这样就做到了讲信用。既诚实又讲信用，这样的领导，就是诚信的领导。

诚信比任何荣誉都耀眼。没有不会落山的太阳，也没有一帆风顺的生活。荣誉再高，也只不过是人生中短暂的一瞬，然而诚信却是做人的根本。只有根基打牢了，才能建造我们人生的万丈高楼。

行动指南

诚信不仅是中华民族的传统美德，还是我们立足于社会的根本。古人有云："欲修其身者，先正其心。欲正其心者，先诚其意。"只有做到诚信，才能正心，然后才能修身，才能齐家治国平天下。

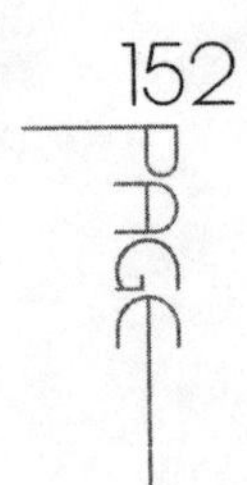

巴拿马运河缔造者戈瑟尔斯：
在好的规则面前，懂得约束自己

强烈的责任感，不需要严酷的命令来责成，生活的哲学，最本质的部分就是知道自己的职责所在。

——巴拿马运河缔造者戈瑟尔斯

曾经有位哲学家说的好：“推动帆船前进的，不是帆，而是看不见的风。”卓有成效的领导往往能够很轻松地带动组织前进，这是因为他们在良好的规则面前懂得约束自己的行为。

无论是在工作中，还是在生活中，很多时候，我们并不是因为自己能力不足而失败，而是因为我们太过占有优势而失败。能力上的不足，会时刻提醒我们要锻炼自己的能力，同时增加知识、开阔视野，要时刻进行自我约束。而优势却会让我们忘乎所以，失去自我约束的能力。

太过占有优势很容易让我们产生一种优越感，导致我们的自尊心和虚荣心极度膨胀，让我们目空一切，自以为是万能的，从而导致我们对一切好的规则、好的纪律都视而不见，失去自我评价的能力，不能准确地给自己定位。失败往往就产生于这种盲目的自大中。

巴拿马运河的缔造者戈瑟尔斯曾经说过："在好规则面前，懂得捍卫和遵守，在生活中才会享受更多的明媚阳光。"

1858年6月29日，乔治·戈瑟尔斯降生在纽约布鲁克林。他是荷兰人的后裔，天生一双碧绿色的双眼，很是迷人。由于家境贫寒，11岁的戈瑟尔斯要比同龄的孩子瘦弱得多。他在纽约街头流浪，希望能够找到一份力所能及的工作，以填饱自己饥肠辘辘的肚子。

14岁的戈瑟尔斯开始利用自己的空闲时间为一名产品销售人员记账。由于他天生聪明，为人又细心，由他登记的账目清晰明了而又井井有条。由于他出色的表现，工资也由每周5美元一直增加到每周15美元。虽然工资增加了，但戈瑟尔斯不敢乱花一分钱。为了读完纽约大学，他不得不拼命赚钱。

后来，哥伦比亚大学医学专业录取了他，虽然戈瑟尔斯一直梦想能够成为一名医生，但是日日夜夜的工作已经快要拖垮他的身体，况且庞大的学费也不是他能够支付得起的。戈瑟尔斯不得不放弃自己的梦想。就在这时，西点军校向他招手了。戈瑟尔斯决定报考西点军校。

戈瑟尔斯给格兰特总统写了一封信，希望能得到总统的推荐。遗憾的是，格兰特总统并没有看到他的信。年轻的戈瑟尔斯并没有因此而气馁，他想方设法说服了考克斯——当时纽约著名的政坛人物——来做他的推荐人。在与戈瑟尔斯的交谈中，考克斯发现了戈瑟尔斯的才华——这位年轻人不仅谈吐优雅，而且进退有度，说话很有分寸。他相信，戈瑟尔斯这个聪慧质朴的青年，日后定会有一番作为。

1876年4月21日，戈瑟尔斯进入了西点军校。在结实壮硕的同届学员中，戈瑟尔斯显得格外瘦弱，仿佛一阵风就能把他吹倒。其他学员都相信，他坚持不了多久就会离开西点。但是戈瑟尔斯用自己的行动击碎了学员们的猜想。他留了下来，并且以顽强的毅力，完成了最初那段地狱般的训练。在西点的日子，戈瑟尔斯严格地遵守学校的准则，因为他喜欢这些严苛的行为准则，他认为这些准则能够帮助自己改掉身上的一些坏毛病。

时光荏苒，四年的时间转瞬即逝，在这个只有54人的班级中，担任班长一职的戈瑟尔斯获得了二等奖学金。在所有毕业生中，只有两名有资格被选为陆军工程师，这是一个多么荣耀，多么令人羡慕的职位啊。戈瑟尔斯就是其中的一个。有四名毕业生被选为陆军军官上尉，戈瑟尔斯还是其中的一个。不仅如此，戈瑟尔斯还获得了军事技巧中最高级别的奖学金，他还是那一届毕业学员中的领头人。戈瑟尔斯是名副其实的三位一体的人才。

在毕业后的第二年，戈瑟尔斯就由二等中尉升为一等中尉。戈瑟尔斯服务过的一位长官曾经这样评价他："我可以很放心地交给他任何任务，因为我知道，不论什么样的任务，他都能够出色地完成。"在陆军工程师中，戈瑟尔斯显得格外出众。并不是他的军衔让他显得不同，而是他的自我约束能力塑造了他的成功。

戈瑟尔斯未满30岁就被美国军事学院选为民用和军事工程学的讲师。后来，他又被派去指挥田纳西河上贻贝浅滩运河的建造工程。作为参谋部的成员，戈瑟尔斯还受到来自华盛顿的召见，他被任命为防御工事委员会的委员。

不管戈瑟尔斯担任什么职位，也不论他的任务是什么性质，他都会全力以赴，严格遵守规则制度。这使得他不仅在技术上表现出高度的条理性，而且在人员管理上也有自己一套独特的管理方式。戈瑟尔斯不管走到哪里，无论和谁一起工作，总是能激发出人们对工作的忠诚和热情，因此其工作总是能够圆满而顺利地完成。

"当有消息传来，说要挑选一名陆军工程师来开凿巴拿马运河时，人们不约而同地立刻想到了戈瑟尔斯。"美国陆军工兵部首长麦肯齐将军曾这样说过。戈瑟尔斯在开凿巴拿马运河时，并没有使用整齐挖掘机，只是使用人工劳力。

正因如此，戈瑟尔斯的首要任务就是对人力方面的管理。只要挑好正确的人，只要能够对他们绝对公正，那么人的力量将会无穷无尽，无所不能。

在巴拿马运河开凿期间，每个星期天的上午，戈瑟尔斯都会在自己的办公室听取每个人的意见。这些人中有黑人、有白人、也有混血。此时的戈瑟尔斯比美国最高法院还要具有权威。戈瑟尔斯以温和宽厚的态度听取他们的意见，工人们都会直言不讳地说出自己的看法。

戈瑟尔斯一再强调，工人们要遵守规则和制度，严格地要求自己。当然，对于那些犯错偷懒的工人，戈瑟尔斯是不会心慈手软的。做错事的人知道，戈瑟尔斯大笔一挥，就可以将他们赶出巴拿马。只要他们遵守制度，就一定能够得到公平的待遇。这一张一弛的管理方式，对开通巴拿马运河起到了很好的保障作用。

将两大洋相连，是几个世纪以来所有伟人的梦想。法国曾经开凿过这条沟通大西洋和太平洋的航行水道，在付出数年的艰辛劳作后，法国人放弃了。人们渴望已久的计划似乎永远难以实现了，在这紧要关头，戈瑟尔斯一鼓作气地完成了任务，取得了胜利的果实。而这一胜利，也使他名留青史。

戈瑟尔斯说："我认为，作为一名士兵，完成任务是一项基本的职责。强烈的责任感，不需要用严酷的命令来敦促。生活哲学最本质的部分，就是知道自己的职责所在。"

机会是留给有准备的人的。戈瑟尔斯并不是天生幸运，他只是做好了准备。与其说他幸运，不如说他一直在严格地约束自己，时刻都在遵守规章制度。所以，当幸运女神来到他的身边时，他才能够紧紧地抓住机会。

在我们的日常生活中，处处充满着机会。组织、团队能不能抓住机会获得成功，就要看领导们懂不懂得约束自己。**正所谓上行下效，在好的规则面前，懂得自我约束的领导才能为团队成员树立榜样。成员下属们才会积极遵守规则制度，从而组成一个行动有效的团队。**当机会降临时，才不会因散漫、没有办事效率而错失良机。

如果领导都不能遵守团队内部规则的话，其他人必定也不会把规章制度放在心里。久而久之规则制度就会如同虚设，这样的话，领导还能够拿什么去管理下属。

无论是在工作还是在生活中，人的欲望是没有止境的。遵守规则，是对不良欲望的修剪。遵守规则，是一个长久的智慧。规则制度并不是把我们捆缚住的工具，相反，只有在好的规则面前懂得约束自己的人，才能享受到真正的自由。

行动指南

规则是外在的规范，我们的行为要受到规则的约束。而责任是一种内在的强迫，要求自己拿着鞭子来鞭策自己。只有从内而发的责任心，才能督促我们时刻遵守规则，才能使我们严格地要求自己。而我们的权力和利益，只有在规则制度的保障下，才能得以实现。

Compass集团总裁约翰・克里斯劳：恪尽职守比个人声望更重要

恪尽职守能让我们在关键时刻坚持原则。

——Compass集团总裁约翰・克里斯劳

在我们的生活中，有一类人时常会这样说："过一天算一天吧，能保住饭碗就行了。"实际上这类人已经失去了强烈的责任感，间接地承认自己人生的失败。责任，是做好一切工作的基础，是衡量人们价值观的准则之一，更是最基本的职业道德。作为领导，有必要做到牢记责任，恪尽职守。

恪尽职守，不仅是一种优秀品质，还是内心责任感的体现。恪尽职守不仅是对工作负责，也是对团队负责，对社会负责，更是对自己负责。

Chapter 5
第五章 责任管理

西点毕业生Compass集团总裁约翰·克里斯劳认为：恪尽职守意味着个体对集体的服从，还意味着自己要明确目的，并怀着一种使命感做事情。

约翰·克里斯劳也曾说过：“与个人声望相比，恪尽职守则显得更为重要。世界上很需这种人才，他们不管在怎样的情况下，都能克服各种阻力完成任务。”

西点军校的全称为美国陆军军官学校。西点，伴随着美国一起成长，一起强盛。可以说从西点建校到现今，在这200多年中，无论是美国南北战争，还是阿富汗战争，只要是美国参与过的战争，就一定会有西点军人的身影。

现如今，西点毕业生不仅活跃在美国的军界、政界，已经逐渐有越来越多的西点毕业生开始在美国的商界崭露头角。Compass集团总裁约翰·克里斯劳就是其中之一。

约翰还清楚地记得他进入西点时的情景：拔地而起的灰色建筑群，显得冷峻而又壮丽，就像战士们那刚毅的脸庞。绿油油的青草散发着它特有的清香味。学员们在清晨进行初入学的体能训练，太阳给每一位学员都镀上了一层淡淡的金边。

约翰热爱这里的生活，尽管严苛的训练早已使他筋疲力尽。但约翰认为，在这里，他找到了自己人生的真谛——恪尽职守。约翰刚入学时，就接受了16个小时的荣誉教育。教官不断地给他们重复着荣誉准则。教官一再强调，作为一名西点人，就要把职责、荣誉、国家看得比生命更加重要，并且要把它们刻进心中，融入血液里。

西点教育他们要严格遵守荣誉准则，不能说谎、不能欺骗、不能偷盗，而约翰也以高标准、严要求来约束自己的行为。因为在他入学的时候，听到过这样一个真实的事例：在第66届学生中，有位学长，因为不适应单调乏味的军营生活而感到精神紧张，心绪不宁，他希望能够得到安慰。于是他偷偷地跑去参加一个由学员组织的宗教团体晚会，希望在聚会中找到慰藉。

其实，按照学校的规章制度，他是有权利参加这个聚会的，但是他却不知道，他认为自己不能去参加聚会。于是他便偷偷地在考勤卡上填写上了“获准缺席”的字样。虽然这位学员在聚会中得到了他渴望得到的关怀，可是晚上他回到宿舍时，却感到强烈的不安。

他回顾了自己的所作所为，他认为自己这种行为违反了荣誉准则，是一种犯罪的行为。于是他向荣誉代表坦白了自己的所作所为。也就是在这个时候，这位学员才明白他是有权利参加那个聚会的。

可是一切都晚了。虽然荣誉委员会表扬了他坦白的行为，可是他依旧被开除了，因为他违反了荣誉准则。在西点，荣誉教育统领着道德教育和其他知识方面的教育。因为荣誉教育是道德发展的核心。

这个案例深刻地教育了西点的每一位学员。此后，约翰对自己的要求更加严格了。他时刻都在注意着自己的一言一行。他认为只有做到对荣誉准则的恪尽职守，才能让它们和自己的灵魂合二为一。

由于约翰优异的表现，他被荣誉委员会任命为荣誉委员。然而历史仿佛重演了一般，约翰的室友也违反了荣誉准则。约翰和他的这位室友感情深厚，他们经常在体能训练中彼此鼓励对方，他们互相扶持，度过了在“兽营”那段最难熬的日子。

当室友向约翰坦然承认自己违反了荣誉准则时，约翰的心慌了，他担心他的好朋友会因此被开除。约翰曾经想过替室友隐瞒这件事情，可是强烈的责任感不允许约翰这么做。约翰还是选择了忠于准则。他向上级反映了这件事情。因为在约翰的心中，原则重于一切。

每当约翰回忆起这件往事的时候，他都会这样说：“我的室友违反了荣誉准则，当他把事情告诉我时，我没有网开一面，我告发了他。但这并不能说明我不在乎他，我深深地关心他。但我知道，与他被给予第二次机会相比，原则更重要。当时我18岁，我知道我首要的责任就是坚守荣誉的原则。”

在这件事情过后，约翰和其他学员经过几年的强化学习和训练，恪尽职守、勇于承担责任的意识已经深入他们的骨髓。

4年后，当约翰毕业时，他和其他学员一起在美国国旗下庄严地宣誓：“我庄严宣誓捍卫和支持美国宪法，我保证对美国宪法忠贞不渝……我将会彻底地忠实地履行我即将承担的职责。愿上帝为我证明。”

此后约翰用他的实际行动，落实了他在国旗下的誓言。无论在什么时候，什么地方，无论是否穿着军装，是否在担任警卫、执勤等公务，还是在进行私人的活动，约翰都时刻履行着自己的职责和义务。

服役结束后，约翰进入了Compass集团。同时，约翰也把恪尽职守、勇于承担责任的理念带进了公司。他工作努力，表现突出，并且严格地按照集团的规章制度办事。最终，约翰凭借多年的努力，成为了Compass集团的总裁。

成为总裁后的约翰，首先对员工提出了明确的要求。他要求员工务必须按照公司规则来约束自己的行为，还要求各部门的领导要为员工做出榜样。

一次，约翰发现一名部门经理在上班时间处理私人事情，于是约翰把经理叫进了办公室，约翰说道：“请您告诉我，员工守则中的第二篇第一条是什么？”经理讷讷地答道：“是要严格遵守公司纪律，先生。”“您能大声一点回答吗？”约翰继续问道。“是严格遵守公司纪律，先生。”“很好，显然您没有忘记公司的规定，可是你却明知故犯，很抱歉先生，我不得不按照公司的制度来处罚你。”约翰严肃地说道。于是约翰按照公司的制度，把这名经理降级为普通员工。

经过这次事件，大家都明白了，公司的制度并不是空摆着的样品，于是大家都开始严格遵守公司的规章制度。在一层一层的管理下，员工迟到旷工的现象明显减少了，公司的业绩也有了显著提高。

由此可见，恪尽职守、永不懈怠、敢于担当，是优秀领导所必备的品质。只有做到对工作恪尽职守，才能做到勇于担当，勇敢地承担责任。

许多领导，一听到“承担责任”这几个字，就会心生恐惧。因为承担责任往往会让人联想到接受处罚。很多领导都会认为，在下属面前受到上级的处罚，是一件非常丢面子的事情。所以在出现问题时，部分领导为了维持自己在上级心中的形象，也为了在下属面前保住颜面，就会把责任全部推到下属身上。殊不知这种做法不仅不能保住我们的颜面，反而还会失掉人心。

推卸责任首先是一种工作能力不强的表现，也反映出了这个人缺乏责任感。其次，**把一切过错都推给下属，也许能够使自己免于一时的责难，但失去的却是下属的信任与尊重。**最重要的是，一旦推卸责任成为一种习惯，我们将会变成事事逃避的人，这样的领导，是不可能得到上级的看重和下属的拥护的。

究其根源，之所以会出现推脱责任的现象，其实是领导对本职工作没有做到恪尽职守所致。

恪尽职守虽不会让我们做出惊天动地的壮举，也不会让我们说出荡气回肠的豪言，但却能让我们坚守在自己的岗位上，做好自己的本职工作。只有出色高效地完成工作，才能充分地展示我们的才能，突显我们的价值。

恪尽职守是一种精神，恪尽职守也是一种品质，恪尽职守是一种荣誉，恪尽职守更是一种责任。我们只有恪尽职守地做好本职工作，才能勇敢地承担起责任，才会一步一个脚印地走向成功。

行动指南

领导只有做到恪尽职守，才能清醒地意识到自己肩上的责任，才能不畏艰险，勇挑重担，才能带领团队不断前进。一位优秀的领导，不但要有独到的眼光，还要有恪尽职守的精神。

西点军校第五十一任校长安德鲁·古德帕斯特：履行诺言的勇敢战士是高尚的

未来的职业军官是能把人道主义品质、军人头脑、人格魅力融为一体的完美的人，是能够担任不同职务的人。当然，最为重要的是要勇敢地履行诺言。

——西点军校第五十一任校长安德鲁·古德帕斯特

根据《商君书》的记载，商鞅准备在秦国变法，为了让百姓相信新法是可以得到强有力的执行的，商鞅便在京城南门口立了一根木头，对围观者说："谁能将这根木头从南门搬到北门，就能得到50金的赏。"在大家犹豫不决的时候，有一个人扛起了木头，从南门一直搬到北门。商鞅当场兑现承诺，赏他50金。当商鞅的新法推出后，人们很容易就接受了新的法律。

我们常说“一诺千金”，这其中体现的不仅是信诺的价值和分量，还可以通过这“千金”的诺言，来检测一个人是否拥有信守承诺的高尚品质。普通人不讲信用只是关系到自己的人际关系，领导不讲信用，关系到的不仅是自己的品质，还有团队的利益。

这是因为，能够勇于履行诺言的人，往往都有着坚定的信念。于是，他们在某段时间内，能够忍受牺牲、损失，甚至是屈辱，来兑现自己的承诺。这种做法，使得他们前后行为一致，会让其他人觉得他们是可靠的，是值得被信赖的，从而对他们产生一种依赖感。

履行诺言，不仅是高尚的道德标准的体现，也是正直人格的体现。西点第五十一任校长，安德鲁·杰克逊·古德帕斯特曾经说过：“我们要求未来的职业军官，都必须是具备高素质的完美军官，不但能够担负起不同职位，而且还能够做到言出必行。”

安德鲁·杰克逊·古德帕斯特，是美国陆军上将。古德帕斯特于1915年生于伊利诺伊州格拉尼特城。24岁时，他从西点陆军军官学校毕业，进入美国陆军工兵部服役。

古德帕斯特曾在第二次世界大战中被任命为工兵营的营长，在北非和意大利战场作战。1954年，古德帕斯特被任命为总统国防事务联络官，兼军事秘书。8年后又任参谋长联席会与主席助理。

Chapter 5

第五章 责任管理

1966年，古德帕斯特担任联合参谋部主任一职，两年后，他晋升为陆军上将，之后又担任驻欧洲美军武装部队的总司令、欧洲盟军最高司令官。古德帕斯特于1974年退伍，三年后，他再次服役，被任命为西点军校校长。

1976年，西点军校历史上最大的考试作弊事件震惊了全美。为了恢复西点军校的声誉和形象，古德帕斯特自愿将他的军衔从上将改为中将，就任西点校长。

再次回到西点军校，古德帕斯特不再是少不更事的青年，如今他已是半生戎马的将军。他把“树立对待变革的新态度”作为自己上任后的重要任务之一，对西点进行了全面的整顿和改革。

西点军校从成立的第一天开始，历任校长就把培养一流军官作为办校的宗旨。到了古德帕斯特这一任，更是如此。

经过战争洗礼的古德帕斯特，更加懂得战争意味着什么。所以古德帕斯特强调不仅要加强生员们的体能锻炼，提高他们的学术知识水平，还要严格缜密地对生员进行荣誉道德的培养。古德帕斯特认为，战争是对军官的考验，只有高素质的军官，才能在未来战争中被委以重任。

古德帕斯特秉承学校的校训——职责、荣誉、国家，对生员进行了整顿。他十分提倡“精英化”的教育方式。选择那些富有威望、学识渊博，并且具有非凡组织才能和丰富实践经验的军官，来担任西点的教官。

西点军校的精英理念无处不在。军校的每个营，每个连，乃至每个排每个班，都有自己的“英雄榜”。美军在每次战争中都会涌现出一批英雄人物。这些英雄人物，就成了生员们模仿学习的对象。他们的塑像、画报在西点军校随处可见。

此外，古德帕斯特还要求学员们要勤于动脑，勇于创新。古德帕斯特和教官们在秉承以往教学传统的同时，不断尝试着对教学方式的改革。

西点一直采取研讨、争辩、独立完成作业以及让学员自己组织教学活动等方式来激发生员的创新能力，克服学员们性格上遵循守旧的弱点。这种教学方式不但能培养学员们的逆向思维，而且还能培养他们奇特思维和超前思维的能力。

古德帕斯特经常会给生员们将这样一个故事：曾经有一位牧师正在看一本杂志，他的小儿子吵闹不休，缠着他索要零用钱。于是，牧师翻到了一副色彩鲜艳的世界地图，并把它撕了下来，再把它四成碎片，丢在了地上。牧师对他的儿子说：“如果你能够把这些碎片重新拼凑成一副完整的地图，那么我就会给你零用钱。”牧师以为这件事情会让他的儿子花去大部分时间，可没想到10分钟过后，他的儿子就来敲他的房门。牧师惊讶地看着他儿子手中那张重新拼凑的地图，并询问他为什么能拼得这么快。他的儿子说道：“这实在是件简单的事情，因为地图背面有一个人的照片，我把这个人的照片拼到一起，再反过来就行了。”古德帕斯特讲这个故事的意图是为了鼓励学员们多观察，多创新。

Chapter 5
第五章 责任管理

自20世纪50年代开始，西点军校就建立了一套荣誉制度，并把维护荣誉体系上升为法律意识。古德帕斯特上任后发扬了这一体系。西点首创了“荣誉委员会”并且编写了缜密的“荣誉法规”，确保学校的荣誉体系更加完善。为了确保学生们遵守荣誉准则，学校在学员中成立了专门的委员会——“学员荣誉准则委员会”来专门负责监督、调查学员们是否有违反荣誉准则的行为。

在古德帕斯特的大力改革下，西点逐步恢复了它在公众心中的地位。古德帕斯特的治学思想和改革措施，为西点20世纪80年代的改革提供了重要的理论和实践依据。

古德帕斯特对学校的荣誉制度和精英化教育进行了高度的概括：未来的职业军官是能把人道主义品质、军人头脑、人格魅力融为一体的完美的人，是能够担任不同职务的人，从外交官到教师，从技术工作者到战略家，从环境学家到政治家。当然，最为重要的是履行诺言的勇敢的战士。

从古德帕斯特的话中，我们不难看出履行承诺的重要性——它不仅关系到我们的个人品质和人格魅力，而且还影响着我们的前途。原因很简单，无论在什么样的组织、集体、团队中，遵守承诺、有信用的人都会受到人们的喜爱和信赖。

在我国，千百年前古人们就提倡言而有信，正所谓“大丈夫一言既出，驷马难追”。虽然我们都知道言而有信和履行诺言关系着我们的品质、形象，但是往往还是会有很多人因为某些原因，不能实现他们的诺言，久而久之使得自己的信用蒙受污点。

作为一名领导，要慎重地做出每一个承诺，不要因为一时的兴起而轻易许下诺言。在我们的工作中，当下属很出色地完成工作，或是做了一件令我们很满意的事情时，我们有时会脱口而出，对他们许下一个诺言，这些许诺大多和升职、加薪有关。

由于工作的繁忙，领导并不大会记得这种一时兴起的许诺。这样就会极大地挫伤了下属的积极性。在下属的眼中，你就会成为一名说空话的领导，从而产生信任危机。

领导的成功，和员工的努力是分不开的。因此，领导不能轻视对下属的承诺。如果许诺，就一定要兑现，哪怕会有一定的付出。

行动指南

履行诺言，是领导的生命。想要拥有卓越的驾驭下属的能力，领导首先就要做到言必行，行必果。现代心理学研究表明，人们往往不会盲目地去追随某个人。但是一个勇于履行诺言的人，无论什么时候，都会得到人们的敬重和长久的信赖。

华盛顿大学前校长罗伯特·爱德华·李：

强烈的责任感帮助我超越挫折

生活中最大的满足就是意识到自己应尽的责任，强烈的责任感能够帮助我超越挫折。

——华盛顿大学前校长：罗伯特·爱德华·李

著名管理学大师彼得·德鲁克曾反复强调责任的重要性。他说："领导承担责任，必须以履行好自身的主要任务和使命为前提。要把社会需要转变为组织取得业绩的机会。"

人生在世，我们不仅在组织团队中要承担责任，在生活的方方面面，我们也承担着各种各样的责任。作为父母，担负着养育子女的责任；作为师长，承担着育人子弟的责任；作为军人，要尽保家卫国的责任；作为官员，应尽公仆之责。责任，是义务所需，职

责所系，是一个人，一个组织，乃至一个国家发展的基石。

古语有云：“天下兴亡，匹夫有责。”当天下大乱，民不聊生的时候，有责任感的正义之士就会振臂一呼，聚天下豪杰，解救百姓于水火。这是古人对国家兴亡的关心和勇于承担责任的表现。

美国南方联邦总司令、华盛顿大学前校长罗伯特·爱德华·李曾经说过：“我的肩膀上，担负着拯救家乡的责任，这让我感到无比荣誉。”

李这个姓氏，是美国历史上最悠久、最显赫的姓氏之一。托马斯·李，是李氏家族中最早来到北美的。托马斯是英国的贵族，他曾任弗杰尼亚州长和殖民地最高会议议员，托马斯和伦道夫家族一起创立了俄亥俄公司。

到了18世纪下半叶，美国开始闹独立，于是李氏家族便成为了独立派。托马斯的儿子理查德·亨利·李作为弗吉尼亚大陆会议代表团长，起草了《独立宣言》的初稿。战后，亨利被选为议员，担任弗吉尼亚州长三年之久。

1807年1月19日，亨利的幼子罗伯特·爱德华·李出生了。李出生不久后，父亲在一次投资活动中被骗得血本无归。从此全家只能靠借债度日。1812年，亨利在疾病和劳困中去世，享年62岁，此时罗伯特·李只有5岁。这一切给李带来了巨大的阴影，他懂得了现实的无情。

虽然家境骤变，但是母亲安妮非常重视李的教育，她亲自教李读书认字。李在他9岁的时候，进入了卡特家族的家庭学校，13岁进入了亚历山大学院，学习古典文和数学。李天生十分勇敢，并且活泼好动。闲暇的时候，李喜欢去游泳和划桨。但他从来都不会花太多时间在运动上。李更多的时候是帮助母亲料理家务。他负责采购，给姐妹们分食物，给母亲配药。

少年的李不仅十分孝顺，还十分早熟。1825年，李就要满18岁了，他自己非常愿意当一名医生。他考取了耶鲁大学，但是家中没有经济能力支付学费。于是李放弃了耶鲁，向不收学费的西点军校提出入学申请。

在安德鲁·杰克逊和其他8名国会议员的推荐下，1825年6月李顺利进入了西点军校。

天生一对棕褐色眼珠和一头浓密棕发的罗伯特·李，是一个非常积极乐观的年轻人。他人缘好，又非常乐于助人，在同届生中很有号召力。他在班上的成绩总居第一，四年中他没有犯过一次错误。他军装上的纽扣光亮如新，佩剑被擦拭得锃亮，他的被褥永远都是整整齐齐的。他不抽烟、不喝酒、不玩牌，是个品学兼优的学生。同学们都喜欢叫他“大理石样板”。

1829年6月，李以第二名的成绩毕业，被授予少尉军衔。李在西点的记录，至今无人打破。毕业后的李，在佐治亚考克斯珀岛的普拉斯基堡驻防。两年后李成为了一名助理工程师，他来到了弗杰尼亚的门罗堡，在任职期间，他和青梅竹马的远房表妹玛丽·卡斯蒂斯成婚。

1836年，李被升为中尉。两年后，又晋升为上尉。这时，墨西哥战争爆发了，李成为了温菲尔德·斯科特将军的得力助手之一。斯科特将军派李去寻找敌方外围的薄弱点，可是墨西哥城所有的入口都在炮火的控制下，于是李冒险进入了墨西哥人称为乱石滩的地方。

斯科特将军派了多名士兵去探听情况，但是没有一个人能穿过乱石滩到达李的营地。当夜幕降临时，狂风大作，随即便下起了暴雨。李知道他不能再等待了，他必须向斯科特将军汇报这边的情况。于是他只身一人，冒着大雨穿过广袤的熔岩区，尽管他摔得鼻青脸肿，但他及时把情况汇报给了斯科特将军，然后李又再次穿过乱石滩找到部队。

天亮后，美军只用了20分钟左右的时间就打跑了墨军。斯科特将军评价李说道："李的这种行为，无论在肉体上，还是在精神上，都是最伟大的业绩。"

几天后，墨西哥城宣布投降。塞罗戈多战役后，李被升为少校。在夏布尔特佩克战役后被晋升为中校，很快又被提升为上校。

1852年，李成为西点军校的校长。李在就任西点校长期间，改善了校园的建筑和课程安排。他采取斯巴达式的纪律管理，同时他通过了解学生们的需要，开始为学生们放暑假，深受学生欢迎。后来，放暑假便成了西点的惯例。

1860年初，李回到了德克萨斯，任德州军事部长，负责整个西南的防务工作。同年底，林肯当选为总统，南方七州宣布退出联邦。

李曾提出强烈的反对，他尤其希望弗吉尼亚不要脱离联邦。但是当时美国人没有什么国家概念，南方诸州中的很多人都认为脱离联邦是一件很正常的事情，他们不相信脱离联邦就会引发内战。曾经有一名南方议员打赌说，要是真的开战的话，他就吃掉所有战死士兵的尸体。

局势变得越来越严峻，战争一触即发。1861年2月，美军司令斯科特从德州召回了李。斯科特是弗吉尼亚人，但他效忠于联邦。斯科特希望李也能够留在联邦。但是李婉拒了斯科特的好意。

同年4月15日，林肯宣布南方七州叛乱，美国内战正式爆发。国会重大军事行动委员会主席布莱尔曾经把李请到办公室，他以总统的名义任命李为少将，统管10万人马。权力、名望、荣耀对李而言唾手可得，但是李却平静地回答道："感谢总统先生对我的信任，但是我不能接受。我曾向上帝祈祷，愿他保佑弗吉尼亚不要脱离联邦，显然上帝没有听到我的祈祷。但是无论怎样，我不能抛弃我的家乡，因为我是弗吉尼亚人。"李的内心非常痛苦。他憎恶奴隶制，反对联邦分裂，但是他不得不在联邦和家乡之间做出选择。

4月17日，李再次接到斯科特将军的任命，但他再次拒绝了斯科特将军。年迈的斯科特将军说道："李，你犯了有生以来最大的错误。"第二天，李便举家南下。

6天后，李接受了联邦的要求，负责掌管弗吉尼亚的防务。8月31日，李晋升为上将。但他尊崇自己合众国上校的名誉，只是佩戴了上校的徽章。李的西点好友戴维斯任南郡总司令，李任他的军事顾问。

内战初期，李只是负责南卡罗来纳和佐治亚的海防工程。1862年5月，北军总司令麦克莱伦挥军南下，率领10万军队在半岛登陆。南郡东部战场总司令约瑟夫·强森的6万人马根本无法抵挡北军的攻势。

6月，约瑟夫·强森将军在七颗松战役中负伤，于是李接任南军东部战场的总司令。他发动了一连串的攻势，在七日战役中，李以凌厉的攻势猛击北军右翼，成功瓦解了北军的包围。李乘胜追击，在第二次奔牛河战役中，再败北军。

1865年1月31日，李被升为联盟国武装力量总司令。南军因持续数月的战役而精疲力竭，以至北军部队成功地在1865年4月2日攻下彼得斯堡。9日，南军宣布投降，内战结束。

1865年10月2日，李担任华盛顿学院（今华盛顿大学）的校长。李并不愿意当一名闲散校长，他在超过五年的任期中，把华盛顿学院整顿一新。华盛顿学院从一所名不见经传的院校，变成美国第一所提供新闻、商业和西班牙语课程的大学。

李是一个正直、善良、具有强烈责任感的人。他的责任感使他忠诚于他的事业、他的家乡，也使他拥有一个波澜壮阔的人生。

Chapter 5
第五章 责任管理

在我们的生活中，每一个有抱负有理想的人，都希望能够展现自己的才华，实现自身的价值。但并不是具有才华的人，都能真正实现自我价值。原因很简单，实现自我价值的前提就是责任感。

实践证明，只有拥有责任感，才能背负起更为重要的使命，才能督促自己不断前进。有一句话说得好：如果你存在，那么就不要让自己可有可无地存在。

有些事情，并不是我们耗费多大的精力和时间就能完成的。其实做与不做之间的差别就在于有没有责任心。**我们可以不伟大，也可以很清贫，但是我们不能没有责任心。**

行动指南

责任感不是负担，是一种信念。当我们具有了某些能力和权力的时候，责任感又成了鞭策我们前进的动力。一个人一旦具备了强烈的责任感，就会拥有强烈的自信心和使命感，就会不断地进取。

Chapter 6

第六章 沟通管理

沟通是领导发挥领导职能的一个重要方面，体现在日常的工作中，就是指领导者是否能够和下属进行良好的人际沟通。

沟通的本质在于信息的传递和反馈，以人际交往规则为主，它的沟通方式比较多样，我们可以选择语言、书信、体态语言（表情、动作等体态语言）等来完成思想交流，目的在于双方达成一致意向后，能够更好地投入工作，以提高效率，快速地实现团队目标。

其实，除开团队管理不说，即使是在人与人之间的交往中，沟通也是尤为重要的。一个善于沟通的人通常会赢得大多数人的喜爱与支持，这样在今后的工作与生活中，他将会得到相对更迅速和完善的帮助。领导者若能掌握沟通的要领，并将其妥善地应用到实践中，事业必定会非常兴旺。

101空降师师长马克斯韦尔·泰勒：容忍别人偶尔不友好的态度

天文学家只有在茫茫夜色中才能从苍穹寻觅到新星，而杰出人物也只有在斗争和矛盾中才堪造就，他们的性格如那璀璨的星光，只有在战争和孤寂的阴霾中才会大放异彩。

——101空降师师长马克斯韦尔·泰勒

沟通，指的是人与人之间信息的交换与传达，人们通过思想与语言的传递得到共识。

沟通管理，同样是通过这样的方式，将团队中的成员紧密地联合在一起，为的是达到共同目标。

讲到沟通，我们首先要说到在沟通中不可避免的一个问题：如果遇到不怀好意的反驳怎么办？

首先，我们先要分析，导致这种局面产生的因素是什么，有可能是双方之间存在误会，有可能是对方并不十分了解我们的想法，还有可能因为对方由于生理原因而一时心情激愤……总之，原因是多方面的，我们要先从中找出症结才能对症下药，找出最好的解决办法。

美国101空降师师长、四星上将、西点校友马克斯韦尔·泰勒曾说："除了要克服来自生活的阻力，还要能够容忍别人偶尔不友好的态度。"这也就是说，在我们的工作与生活中，因每个人的思想都是独立存在的，所以发生思想冲突是很正常的事情，阻力与对立简直是家常便饭。在遇到这样的情况时，立刻进行及时有效的沟通尤为重要，马克斯韦尔就是凭借这一人格魅力，走出了他辉煌的一生。

1901年8月26日，马克斯韦尔·泰勒出生于密苏里州基斯维尔镇的一个普通家庭。他的父亲约翰·泰勒是一位律师，母亲则是一位农场主的女儿。1903年，泰勒举家迁到了堪萨斯城，泰勒的父亲在一家法律事务所任职，但工资收入也仅够养家糊口之用。到1906年，泰勒和父亲都得了伤寒病，于是家里又为此欠下了100美元的债务，这对当时的泰勒家来说可不是笔小数目，所以为了还债，全家人省吃俭用，日子过得紧巴巴。虽然童年生活非常黯淡，但这却让小泰勒很早就明白了生活的艰辛与父母的不易。

Chapter 6

第六章 沟通管理

虽然泰勒因生活压力而少言寡语，但他并不是个没有梦想的人，帮他点燃希望之灯的正是他的外祖父米尔顿·达文波特。米尔顿曾是美国南北战争期间南部邦联军队的一名士兵，跟随普赖斯和谢尔比两位将军征战，还把一只胳膊留在了战场上。因丰富的阅历与壮烈的经历，他练就了“说书”的本事，能把战争场面描述得生动有趣，听了外祖父的故事后，小泰勒就在自己心中立志：将来长大后要做一名军人！

虽然泰勒的父亲非常希望儿子能够子承父业，但泰勒一早就已将参军作为自己的唯一理想，在外祖父的指导下，他从小就立志考入西点军校。但泰勒的父亲并没有放弃自己的想法，他先是苦口婆心地劝说，见泰勒仍是毫不动摇便大发雷霆，指责他太过顽固。泰勒不明白父亲为什么这样针对自己的选择，但他明白，无论如何，父亲始终是为自己着想的，此时越是残酷的语言越透露出父亲对自己的关心与爱护，所以他没有反驳，而是一点点将道理摆在父亲面前，让他进一步了解自己的想法。

老泰勒见儿子是铁了心当军人，最终只得妥协了。1918年，参军心切的泰勒谎报年龄登记入伍，这一年他才17岁。为了让儿子的军旅之路走得更加顺利，老泰勒开始积极寻求该州国会议员所掌握的报考西点军校和海军军官学校的两个推荐名额。为了确保能够考上军校，泰勒和父亲一起说服了议员，参加了两个学校的考试。泰勒没有令父亲失望，他以优异的成绩荣登西点军校“龙虎榜”。

4年后，泰勒结束了西点军校的生活。在校期间，他凭借出色的学习成绩和善解人意的可爱性格，得到了广大师生的赞誉。毕业后，泰勒考虑到工程兵技术性强，晋升机会也相对较多，所以选择到汉弗莱兵营工程兵学校继续进修。后来，他又进入西尔堡炮兵学校学习，同样取得了不俗的成绩。直到1928年，泰勒应召回西点军校，担任法语讲师和西班牙语文助理教授，这为他提供了广泛结识志同道合的朋友、汲取各种新的军事知识的机会，同时也为他今后在战场上的良好表现和以后的发展创造了重要条件。

1945年，战绩卓著的泰勒被任命为西点军校校长。当时，西点军校的管理理念十分僵硬且教条化，泰勒就以规定的教学指标为依据，总结学校以往的历史，再以自己的实战经验加以结合，大胆着手对西点课程的设置以及教学方向等进行研究和改革，目的是进一步突出和强化西点的培养方向，为部队造就未来领导人才。而当时的主流方针是将西点专业化，只录取大专生。泰勒提出的改革对西点无疑是一种颠覆。但泰勒并没有打退堂鼓，他在老兵们甚至媒体的广泛反对下，试图向每个人解释清楚，认为西点应该向全国优秀的中学生敞开大门，让每个人都拥有来西点锻造成长的机会。最终，泰勒的努力取得了成功。

后来随着第二次世界大战的结束，美国部队也开始调整编制体制，按新编制计划，泰勒原先效命的第101空降师将会被遣散。这时，作为第101空降师的老师长，泰勒没有忘记那些优秀的军官。他把大批军官调到西点任教，所以当时流行这样一个说法——西点军校就是第101师军校。但泰勒在面对这些质疑的时候并没有出面斥责和申明，而是用实际行动证明自己的观点。后来他的行为渐渐被大众所认同，因为被调进来的军官个个出色称职。

1954年，泰勒担任美国陆军参谋长。这时，美国政府和军方围绕国家军事战略问题展开了一场旷日持久的大争论。第二次世界大战后，美国军事领导人对原子弹的作用日益看重，于是就慢慢在政界孕育出一种“大规模报复战略”思想，简单说就是未来战争将是全面战争，而核武器是战争的最主要手段。

对这一战略，泰勒起初也是拥护的，但随着朝鲜战争和整个美国军队建设中各种问题的出现，他开始怀疑这一战略的真实有效性。经过长期的研究分析，泰勒提出了极具挑战性的“灵活反应战略”，简言之就是反对过度投资重型军事装备。

但是，这个主张遭到国防部长查尔斯·欧文·威尔逊、参谋长联席会议主席阿瑟·威廉·雷德福及总统艾森豪威尔的强烈反对。舆论一时对泰勒非常不利，但他并没有把精力投入到争论战中，而是决定先申请退休，回家静心著书立说，希望能将自己的看法公诸于世。专著只用了一个月即告完成，定名为《音调不定的号角》。这本只有9万余字的书一经出版，立即在美国政坛、军界引起强烈轰动，很多权威杂志纷纷发表文章，对泰勒的新战略思想大加褒扬。随着世界局势的不断变化，泰勒的新主张也为越来越多的人所赞同。

在很多企业中，沟通不良是领导者担心的首要大事。

越是高端正规的团队组织，其结构分层就越精细复杂，而这也就成为了沟通的主要障碍之一。首先，底层的意见往往不能顺利到达高层领导处，这些建议很有可能在递送过程中，因个人认知不同而变味或是流产，有时还会出现李代桃僵的现象；其次，高层领导的决策也未必能够得到彻底执行，在落实过程中，也有可能因利益所驱而逐渐弱化，从而违背了领导的初衷。

由此可见，沟通管理对团队组织的发展至关重要。如果组织内部沟通不良，下级的意见无法如实传达给领导，而领导的意见又无法确切地传达给下级，那么不仅领导看不见工作中的劣势，不能及时改进，就连最基本的共识都无法达到，整个组织宛如一个巨大的菜市场，每个人只按自己的想法做事，又何谈组织的未来发展呢？

作为一个领导者，首先要明白，在人际交往中产生矛盾的原因各种各样，很多时候，对方的咄咄逼人未必出自恶意，所以**领导者应该先放下身段，学会平心静气地容忍暂时的质疑或指责，以清晰的头脑去分析事态利弊，这样才能找到解决双方矛盾的最佳方法**。

来自外界的质疑可能是警钟，也可能是挑战。就算广大的误解与不认同扑面而来，我们也要乐观地看待事物得失，不能迷失自己的方向，只有保持冷静才能看清前进的道路。

行动指南

不要认为自己是特殊的，要用公正的眼光看待问题、看待身边有疑问的下属。如果有矛盾产生，不要急着据理力争，首先要了解对方的想法，然后把自己的观点清楚地表达出来，找到其中的平衡点，求同存异。

石墙将军托马斯·杰克逊：
用平等和宽容的心对待你的部下

我曾是“石墙”旅的一员。“石墙”不属于我个人，属于该旅的全体官兵。

——石墙将军托马斯·杰克逊

古语说“宰相肚里能撑船”，正是说明想要做一个成功的领导者，就必须要具备平等宽容的品质。

世上没有两片完全相同的叶子，同样没有完全相似的人。每个人都是独特和不可复制的存在。而领导者与下属不同，后者只需对自己的工作负责，换言之就是和物打交道。而领导者则不同，他们大多数时间都在同人打交道：同下属、同合作伙伴、同竞争对手等。这时候，宽容的重要性就凸显出来了，如果领导者总是在意过去的矛盾，或是惧怕他人的质疑，纠缠失去时效性的过错，是很难胜任这份工作的。有人曾把管理定义为“通过别人做好工作的技能”，就是讲的这个道理。

所谓宽容，实际说的是对其他存在差异之思想的接受和认可程度。比如男人与女人，急性子与慢性子、活泼与沉静、美丽与丑陋、富有与贫穷……各人的阅历不同，看待事物的方式也不相同。想要把这些背景、性格、喜好、优缺点各有千秋的人集合在一起，并且让他们在同一个组织团队中产生凝聚力直到发挥各自所长，就要看领导者能否进行宽容化管理。

美国内战期间著名的南邦联军将领，被史学家称为内战唯一英雄的托马斯·杰克逊正是这样一位具有宽大胸襟的领导者。在许多人心目中，他是个既严厉但同时具有宽容这一可贵品质的“好人上司”。

托马斯·杰克逊于1824年生于弗吉尼亚州克拉斯伯格的一个苏格兰移民家中。杰克逊的父亲在当地是一个小有名气的律师。然而在杰克逊刚满两岁的时候，他的父亲就因伤寒而去世了。后来，母亲带着小杰克逊改嫁，但在他7岁的时候母亲也病死了，于是他转由叔叔抚养。

杰克逊的童年时代是在叔叔的农场中度过的。他除了要负责放牧，还要帮忙收割。因为经常在户外活动，所以杰克逊从小便身强体壮。叔叔虽然待他很好，但由于家境实在过于贫寒，杰克逊只念了四年小学，就不得不退学务农了。但杰克逊并没有被生活所打倒，他坚信知识能够改变人生，所以趁着干活的间隙，他开始勤奋学习，经过不懈努力，杰克逊终于自学成才，甚至还兼任过几年小学教师。

后来，成年后的杰克逊在克拉克堡县保安队当了两年警官。因为在警队中表现突出，所以在20岁时他就得到了议员的推荐，得到报考西点军校的机会。但在笔试中，杰克逊表现不佳，所幸在后来的面试中，他毫不造作的品行和宽容大度的品质都给战争部长留下了深刻的印象，于是，他被西点录取了。

因杰克逊家境贫困，又来自乡下，所以与西点校友相比他显得既土气又古怪，于是人们都以捉弄他为乐，有些人还将他当做茶余饭后的笑话讲。时间长了，大家都发现这个乡下青年为人谦和大方，对他人的嘲笑不以为意。有不少正直的同学询问过他的感受，他却说“大家开心就好”，这让很多开他玩笑的同学们开始对他改观。同时，他虽然外表不起眼，但骨子里却透着一股刚毅与坚定。初进西点时，他的成绩在全班垫底，然而当他毕业时，他已经名列中上层。

1860年，主张废除奴隶制的林肯当选美国总统，随后南方七州先后脱离联邦。1861初，南方邦联成立，紧接着南北战争打响。

杰克逊虽出身军旅，但对战争却非常反感；虽然他是一名南方人，但却反对奴隶制。在西点军校时，杰克逊在遇到黑人学生时都会对他们行脱帽礼，这对南方白人来说是绝对禁止的事。有一次，一位黑奴恳求杰克逊为自己赎身，杰克逊真的买下了他，但并不是无偿帮忙：杰克逊以“借贷”为由，鼓励这位黑人去找一份工作挣薪水，这样他不仅以后有了生活来源，还等于自己为自己赎回自由，而并非依靠别人。

杰克逊反对南方各州联合起来脱离联邦，他认为各州人民有自己选择前途的权力，而不应由少数几人说了算。更让杰克逊震惊的是南联邦对各州的武力威胁，他曾说：“看到他们轻描淡写地谈论战争并以此作为威胁，实在让人心痛。他们没有亲身经历，不知道战争的恐怖。但是我十分了解战争，我知道战争是所有罪恶的总和，对此我深怀惧意。”

尽管杰克逊对战争十分厌恶，也反对奴隶制，他甚至十分清楚南北双方那不相称的实力——南方注定失败，但杰克逊还是选择了南方，因为他是一个南方人，他要忠于自己的故乡，忠于那片土地。

1861年4月，杰克逊奉弗吉尼亚州长莱彻的命令，率领弗吉尼亚军事学院的士官生来到里士满进行操练。短短一月后，杰克逊就被授予上校军衔，又过了几星期，他被升为准将，任弗吉尼亚第一步兵旅旅长。杰克逊用严格训练和铁一般的纪律将一群农民打造成了一支精英部队，以此赢得了部下的拥戴。在7月份的孟纳萨斯战役中，杰克逊所在的军团表现出色。在战斗中某将军的一句“看哪，杰克逊像石墙一样屹立在那里”，使杰克逊获得了“石墙”美称，弗吉尼亚第一步兵旅从此被称为“石墙”旅。在以后的战斗中，“石墙”旅更是成为了他的精锐部队。

在杰克逊临终时，他依然对“石墙”念念不忘，然而他想念的并非自己的光芒，他说：“第一旅的官兵将来会骄傲地告诉他们的子孙，我曾是‘石墙’旅的一员。‘石墙’不属于我个人，而属于该旅的全体官兵。”杰克逊是这样说的，在当年也是这样做的，他对所有官兵一视同仁，包括他自己。在他的心中，将领是要为全体队员负责的人，所以对于队员们的建议与要求，他向来都十分认真地倾听和落实。

1863年5月，钱斯勒斯维尔战役打响。在战场上，杰克逊不幸被自己的士兵误当做北军骑兵，遭近距离的步枪齐射。几名副官即时身亡，杰克逊左臂连中三弹，截肢后被立即送往后方治疗。截肢后的杰克逊并无大碍，重返前线指日可待。著名的南邦联总司令罗伯特·李在给杰克逊的信中写道：“希望你尽快回到我身边，你失去了左臂可我却失去了右臂。”然而任谁也没有料到，几天后，杰克逊就患上了肺炎，他又坚持了几天，终究玉山倾倒再难扶。1863年5月10日下午3点15分，杰克逊去世，结束了他短暂的两年军旅生涯，也为他辉煌的人生画上了句点。

1865年4月9日，南军投降。尽管随“石墙”出征的军官早已伤亡殆尽，但“石墙”旅仍然赢得了对手的尊敬。

1891年7月，杰克逊的纪念雕像在莱克星顿公墓落成，有3万多人参加了落成仪式。然而在当时却发生了一个怪现象：有数百名“石墙”旅老兵在当夜集体失踪。后来，有人发现他们原来是在杰克逊雕像周围夜营，他们说：“过去我们跟老杰克一起睡在战场上，今晚我们最后一次和他一起露宿。”即使内战已经成为遥远的历史，但很多南方人、很多南邦联老兵都相信——如果杰克逊不死，南方一定能够独立。

杰克逊以其宽容的胸怀博得了人们的喜爱，但同时，他又是一个严厉的人，在面对新兵操练和在战场上失误的下属时，他一样会给予他们惩戒和责罚。

说到宽容管理，人们很容易把这两个词在潜意识中对立起来。其实，**宽容与管理在实施起来并不难，也不会矛盾。首先，管理针对的是工作中的失误与错误，而宽容则是对成员的优缺点而论。**有缺点的人未必会失职，而占优势的人也未必能切实地完成任务。宽容不等于纵容，领导者可以宽容下属人性上的小缺点，但不能容忍其工作上的失误与失职。

宽容能够帮助你获得他人的尊重与理解，宽容能够使你赢得依赖与信任。宽容是一种人性的美德，更是管理中不可或缺的一个重要因素。如果领导者能够把握好宽容的准绳，就等于把握好了自己在团队成员中的核心位置，也把握好了团队的未来。

行动指南

欣赏和发展每个人的优势，体谅和照顾每个人的弱点，不要为小事动气，也不要在过去的错误上多做纠缠。真诚和善地对待每一位下属，不歧视，也不过度赞扬。

爱护下属，但对于工作上的原则性错误则不予留情，该罚就罚，不念私情——每个人都在注视你的行为，所以千万不可在这时“宽容”。

美林在线投资主管克里斯蒂娜·尤哈兹：

领导下属不是发号施令，而是鼓舞，从而赢得信任

管理不是施压，而是鼓舞，然后确立并传达一种愿望，从而赢得信任。一旦你拥有某些人的信任，一旦你让他们按照同一个曲谱演奏，他们是不会让你失望的。

——美林在线投资主管克里斯蒂娜·尤哈兹

很多人都熟悉这样一句话："好孩子是夸出来的。"同样，无论在哪个组织与团队中，一个员工的成长与蜕变与领导者的鼓励是密不可分的。有一些领导认为，下属的确为整个机构、为自己创造了很大价值，但自己也并没有亏待下属啊，他们不是得到相应的薪水了吗？

其实，这样的领导者都存在一个思想误区，每个人或许任职于不同机构，但他们都拥有独立的个性。你可以雇佣这双手，但这双手的主人能否真心实意地为领导者、为整个团队使出全身力气，就不尽然了。但是，如果领导者能在平时多多给予下属鼓励，给他们营造一种“团队就是家”的气氛，当下属真心把你当成自己人，把集体利益理所当然地看成自己的利益而努力奋斗时，这不是比一般意义上的“按劳分配”更好吗？

我国古代早已有不懂得鼓励管理的失败案例：大名鼎鼎的楚霸王项羽就因赏罚不明，导致身边的得力亲信个个出走，终落得个自刎乌江的下场。《史记》记载：**“于人之功无所记，于人之罪无所忘。战胜而不得其赏，拔城而不得其封……虽有奇士不能用。”**最后程平、韩信都“择良木而栖，择贤主而事”，相继离开了他。可见，鼓励管理机制在组织团队中占有很重的分量。

西点90届毕业生、美林证券在线投资部主管克里斯蒂娜·尤哈兹原本是一位严酷到不近人情的领导，她认为下属只有在严格的管理体制下才能发挥最大价值。然而，事实教育了她，她从一个制度爱好者转变为一位和蔼可亲的上司，从此，她所带领的团队越斗越勇，帮助她开创了一个又一个高峰业绩。

1990年，克里斯蒂娜·尤哈兹从西点毕业。在学校时，她曾经担任新兵排长。在她的印象里，“人人都可以是领导，人人都可以被领导”，她认为领导者就该高高在上，下属完成任务是分

内之事，这个观点虽然没错，但这样一来，就让尤哈兹在人情味上显得冷淡了一些。

起初，她就像其他军官一样对下属“大声吼叫”，希望通过施加压力来激励大家的斗志，但迎接她的只有全排垫底的成绩和队员的抱怨。尤哈兹不明白自己错在哪里，她认为自己是以全排的利益为出发点，希望鞭策大家拿到好成绩，这是对每个人的未来都有好处的事情啊，为什么反而会遭到队员们的冷眼呢？她在营房中思索了一夜，第二天显得十分憔悴。她的好友看不过去，便给她讲起了她们的老学长——布莱德雷的事迹。“虽然你们面对的事情本质不同，但在处理方法上还是有共通之处的，你可以以此为鉴，尝试让自己变得温柔点。”好朋友真诚地对她说。

后来，尤哈兹整理了自己的心情，从头将自己的管理方法理顺思路，她发现，在队员们的心中，她似乎是不近人情和冷酷的，虽然她的确是为大家的未来着想，但没有人看到这一点，在人们眼中只有她接二连三的呵斥、吼叫；更可悲的是，有不少人还把矛头指向了她，声称正是因为她这种失败的管理方式把大家折腾得疲惫不堪，对此，尤哈兹感到十分震惊。

虽然在今后的西点生活中，尤哈兹努力改变自己，想塑造一个和蔼可亲的领导者形象，但不知是队员们积怨太多，还是时间流逝太过迅速，总之，还没等到她和队员们真正做到相互了解与原谅，她就从西点毕业了。

毕业后，对经济金融感兴趣的尤哈兹寻觅到一份工作，她成了美林证券公司的一名雇员。那个学生时代的教训对尤哈兹来说可能是相对不光彩的一页，但却对她将来的事业起到了重大作用。

在尤哈兹的团队中，你永远看不到高声斥责与冷嘲热讽，有的只是善解人意的开导与鼓励。美林就像是尤哈兹人生的分水岭，在此之前，她是一个咄咄逼人的长官，而在这之后，她成为一个人见人爱的上司。

尤哈兹舍弃先前的大棒式管理方式自是不必再提，她开始采用一种经常鼓励下属的方式，这样当人们得到领导的肯定时，一方面激发了工作热情，另一方面也使大家真心喜欢上这位女上司，因此尤哈兹轻易地博得了大家的拥戴。

但是这还不够，在其他方面，尤哈兹也很花心思地做出了努力。例如，新员工在进入尤哈兹的团队时，会被安排进行职业生涯规划的相关培训，这其中包括职业道路选择、个人成长与组织发展的联系，还能够根据个人特长与优点兴趣规划适合自己的职业之路等。尤哈兹说："这么做既有利于他们的未来发展，也能使他们感到我是发自内心为他们好，把他们当成自己人看待。另外当你了解他们的梦想与操作方式后，你也就能够循着他们的成长轨迹随时给出恰如其分的评价，当个人价值受到上司的肯定时，无疑会使他们产生更深的归属感，这样也就产生了团队的凝聚力。"尤哈兹说的没错，她所在的团队总是公司业绩的龙头，并且也是人员流动最少的团队之一。

不过，在每个团队中都会有些恃才傲物的人，他们通常会具备一些过人的才学与技能，于是认为自己比别人甚至比领导者还要聪明能干。当这样的人面对上司的管理时，他们的内心会产生一种抵触情绪，认为你凭什么来管我？尤哈兹也遇到过这样的人，这位姓桑彻斯的青年是新加入团队的成员，初入社会，大概在学校中曾是呼风唤雨的人物，所以颇为清高。

桑彻斯在工作绩效上表现不错，但离良好还有一段距离。尤哈兹经过分析，发现问题可能出在他的工作流程上，如果把这点改进一下，他将会得到非常大的进步。虽然团队中的其他前辈也注意到了这个问题，并善意地提醒了他，但他不以为意，依旧我行我素。有一天，桑彻斯负责的工作出了小纰漏，虽然没有造成损失，但小错也不能忽视，再加上他先前的待人态度就欠妥，所以前辈们带着情绪数落了他。

这下可把桑彻斯惹恼了，双方争吵不休，一直吵到了尤哈兹面前。尤哈兹对桑彻斯的特点早已有所耳闻，所以她先请那位老下属回去工作，关上门和桑彻斯来了一番密谈。首先，她赞扬了桑彻斯工作思路的与众不同，并肯定了他的办事效率和昂扬的精神面貌，“不过我认为如果你愿意做出一些改进的话，你将会完成得更好，这样你也能得到锻炼与提升，你认为呢？”尤哈兹将这种循循善诱的问题一次又一次抛给桑彻斯，随着谈话的不断深入，年轻人慢慢接受了尤哈兹的建议与“充满善意的批评”，最后，他一脸高兴地走出了主管办公室，并且在以后的工作中，也再没有和人起过冲突，大家也都逐渐喜欢上了这个小伙子。

作为领导者，首先要树立这样一种意识：**领导者的作用是激发团队的潜在力量，并将其最大化地发挥出来，形成一种“团结协作靠大家”的局面**。毕竟，没有一个组织机构是依靠个人力量就可以运作的，单靠自己是不能完成任务的，而领导者所要做的就是避免这种情况的发生。

领导者雇佣的其实是下属的心：他们能不能积极主动地投入工作，将直接决定团队的绩效成果。而在日复一日的工作中，鼓励与赞扬将会对人心起到催化剂的作用。在现代，有尤哈兹的下属为了像她这样一位富有人格魅力的上司努力成为业内龙头；在古代，有众多的骑士为了得到皇帝的一枚勋章而出生入死。其实，业内龙头不过是个虚名，勋章也不过是破铜烂铁，在这些浮华背后那位温暖人心的领导者才是他们最在乎的真实的航行灯塔。

另外，领导者在实行鼓励机制时还要特别注意人们的不同特质，同一句话，在不同的人听来可能会产生相距十万八千里的含义。所以在日常相处中，领导者要真诚地去了解接触下属，明白他们最受用的地方是哪里，这样才能保证鼓励机制准确无误地实行。

最后，任何领导者的成功都离不开他忠心耿耿的下属的追随。所以，拒绝失败，请从鼓励下属开始。

行动指南

不要过火地责备与抱怨，不要进行口不对心的鼓励。让下属看到你的真诚，在失败时给予他们安慰，在成功时给予他们褒奖，动动嘴皮子，就是如此简单。鼓励不需要领导者花一分钱就能够得到下属提高百倍的工作效率。

五星上将布莱德雷：不仅要达到目的，还要注意方式方法

拥有了良好的沟通能力，就等于把握住了打开成功之门的钥匙。

——五星上将奥马尔·纳尔逊·布莱德雷

俗话说“一样米养百样人”，说的就是一般人的衣食住行虽然都相差无几，但每个人受各种不同环境因素的制约和影响，在对待问题的态度上各有不同，于是在处理问题的方式上也就相应产生了差异。

千姿百态的环境培育了千姿百态的人，而这些人都以自己的千姿百态回应着社会。在生活、事业中，与我们相遇的人数不胜数，要想生活得轻松一点、发展得顺利一点，就必须要学会和人打交道，也就是我们常说的“沟通”。

沟通并不是说用语言完成思想传递就万事大吉了。实际上，因人们的理解能力、接受程度、认同度都不一样，沟通也是讲究方法技巧的。我们经常能看到这样一些领导，他们以一种相当和善的姿态和下属们讨论事务，有时却并不能得到预期的结果，这是为什么呢?

答案很简单，和善固然难得，但这并不适用于所有人。有人认为这样的领导亲近下属是个好上司，但有的人却认为工作就是工作，要雷厉风行地完成，柔和的气氛反而会麻痹人的思想，使工作拖泥带水。其实这两种人的想法都没有错，各有各的道理，重点还要看领导能否针对不同情况做出不同的反应。

美国著名五星上将、美国第一任参谋长联席会议主席奥马尔·纳尔逊·布莱德雷是一个以善于沟通而闻名的领导者，聪明如他也曾发生过这样一段逸事：

在第二次世界大战期间，布莱德雷将军奉命执行一个重要任务，由于事出突然，情况紧急，他马上召集手下士兵筹建一个敢死队。布莱德雷首先扫视大家一遍，然后说：“这次的任务将会非常艰险，若有愿意主动担任的人，请向前走两步……”此时，恰逢一位参谋递给他一份最新战报，布莱德雷转身和参谋交谈片刻，等他再次回过头来面对行列中的众将士时，发现长长的队伍仍只保持一条直线。他顿时有点上火，就生气地说："现在情况紧急，正是需要我们出征的时候，竟然一个人都没有……"然而，站在最前排的一名士兵打断了他，那人满脸委屈地说："报告司令，我们每个人都向前跨了两步。"这时，布莱德雷脸红了，他这才意识到，自己因一时冲动错怪了这些勇敢的士兵。

事后布莱德雷在谈起这段经历时也有些赧然："我一向是很注意听取别人意见的，没想那次竟如此冲动，好在我很快知道了真相，为此我感到十分羞愧。"

可见，领导如果不能和下属进行及时沟通，就会发生相当大的误会；而如果不注意沟通方式，也会给人带来更多的不愉快，比如布莱德雷，如果他当时能够冷静地询问，给自己一个台阶，也就不用事后感到羞愧了。

1893年2月12日，奥马尔·纳尔逊·布莱德雷生于密苏里州克拉克的一个贫苦家庭。由于家境实在贫困，所以他在中学毕业后就退学，成为一名铁路机修工。但残酷的现实并没有打压掉布莱德雷的意志，看到身边的朋友们仍然能够读书，他深深地意识到，他只有靠自己的努力才能改变命运。从此，他一边打工，一边利用短暂的休息时间自学，有不懂的问题就攒起来，然后向朋友们一一请教。功夫不负有心人，布莱德雷虽然早早辍学，但知识文化没有落下。后来，他想成为一名优秀的军人，最重要的是西点军校是免费培养学生的，所以他报考了西点军校，并且顺利被录取。

1915年，布莱德雷从西点光荣毕业，并及时开赴美国西北部服役。1920年，他调任西点军校数学教官，得到深入研究军事历史和人物传记的机会。1924年，他晋升为少校。

布莱德雷升迁如此之快，一来得益于他一贯的努力勤奋，二来与他的处事态度也有很大关联。在西点，每个学员都知道布莱德雷非常善解人意，有的人喜欢叫他“老好人”，这是因为布莱德雷有一种神奇的魅力，他总是能和各种各样的人和睦相处。当然，这种和睦也不是绝对的，如果你触及他的底线，那么你可就没有好果子吃了。许多年后，当布莱德雷知道自己在同学眼中的印象时，他感到颇为惊讶：“我只是用不同的方式和不同的人交往罢了。”他轻描淡写地说。

1941年，美军重建第82师。82师就是后来被称为“全美第一师”的第82空降师之前身，它参加过第一次世界大战的所有重大战役。为了迅速让这个师复活，军方任命布莱德雷为该师参谋长。做好各项准备工作后，布莱德雷带着自己的团队于1924年来到这个新驻地。

重建82师是美国加入第二次世界大战后的一次新尝试。在这之前，应征的新兵都要被送到正规部接受前期训练，具备一定资质后才会被正式编入部队。新组建的82师整编3万人，但因各种各样的原因，只有700名左右的官兵作为整师的基础。剩下的人都是直接从应征点输送来的，毫无战斗资质可言，可以说，把此师称为一个“大泡沫”毫不为过。

布莱德雷心中十分清楚，这2万多名入伍的新兵没有经历过战争的洗礼，也没有受过严格的军事训练，在这种前途渺茫的情况下，他们远离家乡和亲人，来到这样一个毫无生气的地方，一定会生产思乡之情和悲凉之感。如果对他们采取一贯的军事化管理，恐怕不仅收效甚微，更有可能使他们的消极心理雪上加霜，最后势必会影响工作。一想到这里，他便在心中下了一个决定：他要在力所能及的范围内，做更多让新兵感到温暖的事情。

既然新兵们思乡心切，那布莱德雷首要的任务就是重新给他们一个“家”。可是这个“家”要如何给呢？首先，他在新兵训练上绝不手软，该怎样还怎样，一切照章办事。但在训练之外，他则切实地关心新兵们的各项利益。他先是建立一个新兵站，所有的新兵在初到82师时都会去那里报道。在那里，相关人员会登记下他们过去的职业，然后进行分类造册。随后，这些新兵被派往各个营连时，都会有铜管乐队在门口吹奏欢快的音乐，宛如迎接凯旋的英雄。新兵们看到这阵势，都感到非常有趣，纷纷对今后的军营生活产生了极大兴趣。这样一来，新兵们对故乡的留恋之情暂时消失了，布莱德雷的第一步措施管用了。

当新兵们分别去到属于自己的分队时，他们会发现床铺、服装都已经整整齐齐地备好，床上用品一应俱全。如果饿了，食堂随时都有热腾腾的饭菜供应。另外，很多男人以前大大咧咧，对自己的个人卫生不是太在意，但军营要求官兵着装整洁，这个要求对他们来说似乎有点为难，毕竟在漫长岁月中养成的习惯并不可能一朝一夕就改掉。于是，布莱德雷并不急于利用奖罚制度来管理，针对这些人的心理，他设立了一个简易洗衣班，请一些爱清洁的士兵暂时当班，按清洗件数付给他们相应酬劳，以此为过渡，慢慢扭转新兵们的旧观念。这一措施不仅让一些手头拮据的士兵们有了外快，还打消了新兵们的抵触心理，以潜移默化的方式逐渐改变了他们的生活习惯。

布莱德雷在战场上同样用这种“针对不同人做不同事”的原则博得了很多官兵将士的追随，在这里我们就不再一一细表，重要的是，布莱德雷在细节上也能将这种处事方式发挥得淋漓尽致，实在是我们学习的榜样。那么，有没有什么具体的方法能够帮助我们成为另一个“布莱德雷”呢？

因为人人都不同，领导者最先要做的就是对每个人做出相应的性格或工作分析，深入了解他，然后才能“看人下菜”。例如我们在开篇所说的布莱德雷的失误，就是因为他一时冲动，既没有看清事实，也没有与人沟通获取信息，最后反而连累了自己。作为领导者，不管是想对下属进行表扬还是批评，都要先全面地了解相关情况，再做决定。如果不分青红皂白地批评与指责，就会对他人造成伤害，而这种伤害是很难弥补的。所以，领导者切勿轻易下判断，要树立自己处变不惊的形象。

最后，领导者还要注意不要被个人认知所迷惑，对于下属你可以不喜欢他，但不能敌视与排挤，可以用公对公的方式进行交流；你也可以偏爱某位下属，但要注意沟通要领，不能给对方透露“他很特别”的信息。总之，沟通方式因人而异，要随时控制自己的情绪，才能更加冷静地进行分析与判断。

行动指南

试着从对方的角度看问题，理解宽容对方，慢慢建立起相互信任的从属关系。领导者不仅要善于言谈，还要善于倾听，从对方的话语中找出关键点，求同存异，方能寻求长远的发展之道。

Chapter 6

第六章 沟通管理

《西点执行课》作者斯科特·斯奈尔：用友善的言语去影响你的部下

管理不是独裁，领导者要学会友善地询问和关切地聆听。

——《西点执行课》作者斯科特·斯奈尔

在20世纪，领导者们对自己的团队成员大多采用军事化管理，也就是说，在日常的接触中，他们会对下属“呼来喝去”或是以最简洁的语言下达命令的方式，来完成所有工作程序。

当然，我们并没有否认军事化管理的意思，这种制度使组织和团队具有高效性和迅捷性，是非常值得借鉴的管理方式。只是，在这样的团队内似乎总是会产生莫名的疏离感，让人难以视团队为家。这对团队的长远发展来说，将是不可小视的一个制约因素。

如今，有越来越多的组织团队注意到了这一点，于是领导人开始寻求解决这一弊病的有效方法。究竟怎么做才可以改变团队中那种淡漠的工作气氛呢？其实答案很简单，任何出色的组织都会拥有一位友善的领导者，然后再由这位领导者以他的这种人格魅力去影响下属，进而由下属再去影响更多的同事。慢慢地，整个团队仿佛脱胎换骨一般，所有人都把团队、同事看作真正的可同甘共苦的伙伴，于是在他们的努力下，团队也不断地刷新自己的业绩。

作为领导者，作为团队中的每一分子，有霸气是必要的，但这股霸气理应用在工作上，而不是用在人与人的交往之间。友善对待每一位下属，将他们视为朋友、亲人，则他们会对你报以十倍的真心，而这真心必定会转化为更高的工作效率，这比实质的奖励更加具有煽动性。

《西点执行课》的作者斯科特·斯奈尔是西点军校1988级的学生会主席，即便是现在也仍与西点保持着密切的联系。在西点军校，他是个品学兼优的模范生，在社会中，他是一位灵活出色的商人和学者，他的主要成就在于，将西点的理念与外界结合起来，创造了斯氏领导法。

在斯科特的印象中，领导者当然要具备使命感、洞察力、执行力等各方面必要的能力，但还有一点最常见却最容易被人忽略的要素，那就是友善的待人处事风格。斯科特认为，一个总是严肃、板着脸，没有幽默感与笑容的领导者，除非他真的是人中龙凤，否则是不太容易让人爱上他的。“我们可以去拜访任何一个著名出色的组织机构，你会从中找出它们的共同点，那就是，它们的领导者无一例外都十分和蔼亲切，对待自己的下属从不摆架子，也不会标榜自己的地位。对于他们来说，下属不仅仅是自己的员工，更是自己的合作伙伴。”

斯奈尔有一位姓汉克斯的朋友，他总是被下属们倔强的自我意志和满不在乎的行事风格搞得焦头烂额，他每天都工作到很晚，与某位部门主管相比，他们的工作量可以说是基本相当，但为什么他看上去总是特别忙碌，似乎一直都十分紧张，连休假也休得战战兢兢呢?

斯奈尔向汉克斯询问工作流程，发现并没有太大问题。后来，他又让汉克斯讲一些工作中的日常小事，汉克斯讲得真可谓是怨气冲天。听完汉克斯的故事，斯奈尔心下了然。

“只要改改你动不动就发火的臭脾气，你就可以告别这样苦难的日子了。”于是，斯奈尔又教了汉克斯一些控制情绪的方法，并灌输给他“要把下属当成朋友”的管理理念，要像对待朋友一样对待他们：“你不可能整天对朋友们都吆五喝六的吧？你和我在一起不是很和善吗？把这一点应用到你与下属的相处之中就可以了。”

要知道汉克斯那群下属可是油盐不进的厉害角色啊！虽然汉克斯对老友的提议将信将疑，但他又想，无论怎么做也不可能

出现比现在更坏的结果了吧？所以，他开始尝试着改变自己的行事风格，从一个黑脸主管摇身一变，成为一名以笑待人的“好主管”。汉克斯得到了下属们的亲近与喜爱，虽然事态向着他所希望的方向发生了改变，可问题又来了。

“我发现，他们总是不拿我的命令当回事！”在一个周末，汉克斯再次对斯奈尔大倒苦水：“我先前的确是想和他们搞好关系，但现在关系是融洽了，可他们好像总是不把我当回事一样。”

斯奈尔看着愁眉苦脸的老友，无奈地给他讲起另一位友人的故事：

“我认识一位电器公司的总裁，他和现在的你一样以温和友善出名，同时他又以最会栽培人才而出名。

“感到意外吗？其实，他看似是个老好人，但是在对待下属的工作时是很有原则的。我曾经向他请教为何他的下属总是斗志昂扬地为他工作，他想了想，说出自认为最重要的答案：‘你知道，当总裁每天都要签署无数的文件、做无数的决定、看无数的提案，而这些由我的员工们递交上来的东西，别管是属于哪方面的，通常只有40%的决策是我真正认同的，剩下的60%是我持保留态度或者认为勉强过得去的。’

“我曾问他，对那些不值得劳心费神的提案，直接否决不就好了吗？但他却说，你不能对任何事都说‘不’。对于那60%的提案，你可以在实施过程中对他们进行指导与监督，为他们指引一个方向，让他们按照更加正确的道路去完成工作，最后，你会发现这些保留提案经过一番改进与加工，都能体现它们的价值。并且，公司能有今天也是一步步成长起来的，所以，你要给你的下属一个成长的机会，不要剥夺他们设想与努力的机会。不能实现是一回事，而你不给机会就是另一回事了。

“友善地对待下属当然是好的，但并不意味着你要去讨好他们、用一种无视阶级关系的方式来磨灭你的权利。”

听到这里，汉克斯好像顿悟了一些什么，但又有些糊涂。

看到老友一脸茫然，斯奈尔笑道：“问题就出在你的友善似乎并没有用对地方，又或者说用力过猛了。我所说的那位总裁的与众不同之处在于，在对待下属员工的工作、发展与失误时，他总是认为可以给他们一个尝试与改正的机会。对于一个期望做到最好，希望继续留在公司里的下属来说，这就是最大的友善，而不仅仅是你每天笑脸迎人就可以替代的。做一个温和友善的领导者，除了用友善的语言与下属们打交道，给他们营造一种轻松的工作氛围，更重要的是，你要懂得如何将你的态度，尤其是你原本刚硬的态度化为友善的语言，进而去影响和感染他们，让他们心甘情愿地服从于你，为你工作。”

汉克斯恍然大悟：“我想我有点明白了。你是说我应该通过友善的语言来表达我的工作态度，对吗？”

斯奈尔说：“对，但也不全对。下属们当然希望你能够像对待朋友一样对待他们，如果你能够把对朋友的态度与对工作的态度完美地结合在一起，那就最好了！”

说到友善管理，大多数人第一时间想到的应该是领导者要尽量用和蔼的态度对待自己的下属。以自己善解人意、温和可亲的个人魅力去与人沟通，一来可以缓解大家日复一日重复工作的精神压力与枯燥感，二来还有利于在群众中树立领导者的个人良好形象，使下属们对你更加服从与信任。

但这仅是友善管理中的重要一点，还有另一点，是需要领导者去特别学习与实行的，那就是**将自己的反对或保留态度化为友善的语言，给下属一个机会，也给团队一个新发展的可能性，让下属与团队一起成长，一起成熟，这才是友善管理的本质。**

当然，领导人也是普通人，也有“七情六欲”，所以在工作中带有个人情绪也是人之常情。但是，只要身在领导者这一相当于团队领航员的岗位，你可以在人际交往中给自己贯彻“人人平等”的思想，但在管理时，领导者还是应适当彰显自己的领导地位，否则发生像汉克斯那样的情况，再想要改变就困难了。

总之，无论何时领导者都应谨记一点：**管理并不是独裁，它只是帮助大家更好前进的一种约束方式。**在前进中，信心对每个人都非常重要，它帮助暂时失败的人们重拾勇气，也鼓舞着胜利者继续勇攀高峰。下属的信心固然要靠自己树立，但领导者适时的关怀与温暖的语言则能够给予他们强烈的认同感，成为进而激发他们投入下一阶段工作的巨大动力。

行动指南

要避免自己习惯性的生硬套话，比如“你不能”、“你必须要”、“你一定要”、“你知道”等，你可以用一种平等交谈的方式与别人进行沟通，例如商议性、建议性的语气就很好。说友善的话很简单，重点在你首先要保持友善的态度。

Chapter 7

第七章 绩效管理

绩效这两个字从字面意思上分析，可以理解为业绩与效率的组合。绩效管理强调组织目标和个人目标的一致性，强调组织和个人同步成长，从而形成“多赢”的局面。

近年来，社会发展越来越迅速，信息化速度越来越快，经济危机的周期也越来越短，在外部大环境的影响下，有些组织已经开始走下坡路，首先反映出这一问题的就是组织绩效开始下滑。

组织的绩效除了受外部大环境的影响之外，还受到组织中个人能力、组织内部条件以及同一目标等方面的影响。其中；工作者本身的态度、工作本身的战略计划需求以及工作氛围和纪律保障，都是影响组织绩效的关键因素。

面对这些问题，领导应如何提高组织内成员的工作效率，如何提升组织的绩效，在本章中都会提到。

美国前总统格兰特：执行任务，不找任何借口地去落实

从容果断的人，在执行任务时从来不会为自己找借口，所以在关键时刻他们不会退缩。

——美国前总统尤里西斯·辛普森·格兰特

一位伟人曾经说过：“宿命论，只是那些缺乏意志力、行动力的弱者们进行自我安慰的借口。”在现实生活中，往往有很多人在遇到困难时，不是积极寻找解决方法，而是为自己的逃避寻找各种借口。

心理学家研究表明，对于人类来说，制造借口几乎已经成为人类本能的习惯。一般情况下，有两种人习惯为自己找借口。第一种是从一开始就找借口为自己开脱。我们时常都会听到他们这

么说：“那位客人我应付不了”，“这件事不能怪我，本来它就不适合我做”，“我还有事，以后再说吧”，诸如此类的借口让人无可奈何。第二种人一开始确实会努力地去完成任务或是看似努力地去完成任务，实际上却没有全力以赴。他们善于为自己的失败找借口。

一个又一个的借口，不断地侵占着我们的内心，把我们原本的自信和热情逼到心灵的角落里。怯懦和懒怠披着借口的外衣粉墨登场，支配着我们的生活。

美国著名成功学家格兰特纳曾经说过：“成功不属于那些寻找借口的人，与其把时间和精力浪费在寻找借口上，还不如去努力工作。”

西点军校毕业的格兰特将军赢得了内战的胜利，成为总统后的他，又开辟了美国历史的新篇。当有人询问他制胜的法宝是什么时，格兰特将军说道：“我从来不为自己找借口。不找借口，就是一种主动精神，它能让我随时准备把握机会，展现超乎他人要求的积极表现。”

格兰特的祖先是英国人，到格兰特父亲那一代，全家已迁至俄亥俄州卟来增特角，靠制作皮革为生。1822年4月27日，格兰特降生了。父亲用希腊神话中大英雄奥德修斯的名字，为他取名海勒姆·尤利塞斯·格兰特。在格兰特不满一岁的时候，全家又搬到了乔治敦镇，于是，格兰特在乔治敦度过了他的童年。

Chapter 7

第七章　绩效管理

少年时的格兰特非常热爱劳动，格兰特经常会帮家里做些力所能及的农活。他喜欢开垦和耕种土地。据说他7岁的时候就能够使用牲口耕地。此外，格兰特还非常热衷于骑马。他娴熟的技术是同龄人所不能相比的。老格兰特认为，自己的儿子长大后可以成为一名马术教练。

俄亥俄州的儿童成年后，多半都会继承父亲的职业，但是格兰特却不喜欢像父亲一样靠制作皮革来养家糊口。因为他害怕看见动物的血，他也不肯吃半生不熟的牛排。格兰特的父亲虽然性情暴躁，但是却十分疼爱子女，于是他恳请当地的议员哈默推荐自己的儿子去西点军校学习。虽然格兰特对戎马生活毫无兴趣，但是他也不想违拗父亲的意愿。于是同意了父亲的意见。

格兰特觉得自己的全名叫起来很不顺口，于是就把教名和中间的名字颠倒了过来，改为尤利塞斯·海勒姆·格兰特。可是这位议员在写推荐信的时候，怎么也想不起来海勒姆这个名字，于是他擅作主张把格兰特母亲婚前的姓氏加了进去，于是尤利塞斯·海勒姆·格兰特就变成了尤利塞斯·辛普森·格兰特。他也是美国历史上首位两度易名的总统。

1839年，格兰特进入西点军校读书。身材矮小的格兰特在西点军校毫不起眼，但是他一跨上马背，就变得威风凛凛。他高超的骑马技术使他赢得了“超级骑手”的称号。除了骑马外，格兰特不大喜欢其他的文娱活动，据说他在西点的四年间，从未参加过西点的舞会。在闲暇时间，格兰特总在读书。

1843年格兰特从西点毕业了，由于当时骑兵部没有军官的缺额，于是他便被分配到了第四步兵团，成为了一名少尉。

19世纪50年代后期的美国，正在酝酿着一场巨大的政治风暴。南北分裂的局势正在逐步形成。格兰特原是支持民主党的。因为他的父母都是激进的废奴主义者。然而格兰特的妻子莱莉亚却是拥有黑奴的奴隶主。在1856年11月的总统选举中，格兰特曾投票给民主党总统候选人詹姆斯·布坎南。格兰特在他的自传中写道："我十分清楚，如果一位共和党人当选为总统，那就意味着南方蓄奴州将会脱离联邦，进行叛乱。"

1860年，主张废奴的共和党人亚伯拉罕·林肯当选为美国总统，南方七州纷纷退出联邦，组成"南部同盟"，并在1861年向联邦发起了进攻。美利坚合众国完全分裂了，内战正式开始。

由于格兰特曾在1854年退役，于是在内战爆发后，他在伊利诺伊州加利纳协助招募新兵，并帮助训练军队。格兰特采取了有效的措施，很快便把这个新兵营整治得有条不紊。格兰特也先后担任了志愿军的团长、旅长，在西部战场作战。

1862年格兰特率兵攻克南军的亨利堡，几天后，又包围了多纳尔森要塞。南军派重兵把守着多纳尔森要塞，因此作战极为困难，但是格兰特并没有退却，他和部下冒着南军的炮火，不断地发起猛攻。南军终于招架不住，停火投降。

纳尔森战役的胜利，是北军在内战中的首次大捷。格兰特从此打响了名声，林肯总统听到这个消息后十分振奋，将格兰特升为少将。格兰特接到任命后，开始组建田纳西方面军。同年4月，格兰特迎来了西部战场上最为血腥的一次战斗。

在夏伊洛，格兰特迎来了田纳西方面军的头一次战役。战役第一天，北军无法适应南军快节奏的攻打方式，只能被动地应战，结果可想而知。当谢尔曼赶到时，战局发生了变化。谢尔曼和格兰特良好的战术配合，使得北军在会战中大败南军，并给南军以重创。

之后格兰特的主要任务就是对维克斯堡的围攻作战。这场作战成为南北战争中最为重要的战役之一，也是格兰特一生最为重要的一次战斗。格兰特先是任命谢尔曼为菲斯军区总司令，负责对维克斯堡发动进攻。由于敌我力量悬殊，谢尔曼没有完成作战计划，战况曾一度陷入僵局。

于是格兰特亲自率军对维克斯堡进行围攻作战。他先将打算救援维克斯堡的南军部队挡在维克斯堡战区之外，并且集中火力将志愿军打退。之后再掉头开始围攻维克斯堡。格兰特大摆铁桶阵，命人在维克斯堡挖了两条围攻线，把维克斯堡牢牢地围困住。到了1863年5月，格兰特部队的人数和武器装备猛增，北军不分昼夜地对维克斯堡进行攻击，直到1863年7月4日，美国独立日这天，南军终于弹尽粮绝，向格兰特无条件投降。至此，北军完全掌控了密西西比河流域，进而开始威胁南军的后方地区。

获得胜利的格兰特毫不松懈，继续推进作战。他在查努罗加突破了南军防线，逼进佐治亚州边境。1863年11月，格兰特率军击溃了围攻的南军，为翌年夏季北军肃清残兵打下了基础。

此时，格兰特的名字响遍全国。林肯总统代表人民亲自向他致谢。国会授予格兰特金质勋章。1864年3月，林肯任命格兰特为联邦军队总司令，并提升他为陆军中将。（此时美国军队中还没有上将。）

凭借自己的威信，格兰特于1868年当选总统，于1872年获得连任。他是美国历史上第一位毕业于西点军校的总统。人们为了纪念他，把他的头像印在了美元上。

面对权力名誉的诱惑，格兰特没有为自己找接受权力的借口，而是选择了忠诚于自己的内心。在夏伊洛战役失利时，他也没有找借口推脱自己的责任，而是积极地同谢尔曼配合扭转了局势。格兰特这种不为自己找借口的行为，非常值得我们学习。

有句话说得好：**不为失败找理由，只为成功找方法**。要想做到不找借口，首先就应该在内心树立起亡羊补牢的观念。在面对挫折失败时，要知道事情已经发生了，后悔已经没用，找借口为自己掩饰，也只能让我们显得更加不负责任。只有从失败中及时吸取经验教训，从头再来，才有机会争取到最后的成功。

任何借口都是推卸责任的表现。在责任和借口之间如何选择，体现了一个人的工作和生活态度。当我们遇到困难时是知难而退还是激流勇进？让我们抛弃找借口的习惯吧。只有这样，我们才不会为失败而沮丧，只有这样我们才会更加主动地去寻找解决问题的方法，只有这样我们才会离成功越来越近。

行动指南

不找借口，是一种积极主动的心态。在我们的工作生活中，积极主动的心态能激发我们的创意，调动我们的主动性，不仅能使我们出色地完成工作，还能帮助我们找到并展现出自我价值。这样我们的生活才会更加充实。

特级上将约瑟夫·潘兴：请只告诉我结果，不必做出更多的解释

请只告诉我结果，不必做出更多的解释。

——特级上将约翰·约瑟夫·潘兴

很多领导都会有这样的困惑：明明制定了很多很全面的规章制度，可这些制度在下属眼里形同虚设，就算推行了也无法达到预期效果。

决策制定好了，当领导准备实施决策时，就会有很多人出来提意见，结果决策一改再改，最终不了了之。

中层人员认为基层下属普遍存在素质较差的问题，不管怎么叮咛嘱咐，他们还是做不出令人满意的成绩；基层人员认为中层领导麻木不仁，根本不了解自己的想法，只会把他们的思想强加在自己身上。

以上这些问题，是由于团队对结果的要求和个人对结果的要求不一致而产生的。要想让组织和其内部成员行动一致，共同创造出丰硕成果，首先就要增强组织内每一个成员的执行力。执行，就是有结果的行动。

管理大师拉姆·查兰曾经说过："如果没有执行力，愿望、前景只不过是一个空洞的承诺，一个空虚的想法而已。"

中欧商学院副院长约翰·奎尔奇教授也曾说过："我们缺乏的不是激情，也不是使命，更不是对发展方向的判断，我们最缺乏的是，如何确保我们的团队比竞争对手更快、更好地执行任务的执行力。"

"铁锤将军"约翰·约瑟夫·潘兴曾说："战争是以无私的、坚韧不拔的精神进行的，这种精神促使我们有效地提高行动力，是取得最终胜利所必需的。"

1860年9月13日，约翰·约瑟夫·潘兴出生在密苏里州附近的一个农场里。他的父亲约翰·弗莱彻·潘兴是一位商人，在美国内战时，曾担任密苏里志愿步兵的首领，但是弗莱彻在内战结束后并没有服兵役。

潘兴自小就受到父亲的影响，以至于他比同龄儿童显得有些早熟。1878年，高中毕业的他，成为了当地美国黑人儿童的老师。两年后，潘兴进入了密苏里州柯克斯维尔师范学校（现今的杜鲁门州立大学）。

1882年，潘兴争取到了进入西点军校的机会。4年后潘兴宣誓就职，曾到美陆军骑兵部队就职服役。1899年至1903年间，潘兴被派往菲律宾，在驻菲律宾美军部队中服役，曾参加过镇压菲律宾起义的行动。

潘兴的作风得到了罗斯福总统的赏识，罗斯福想要破格提拔潘兴，但是美国法律却不允许罗斯福这样做。在1906年，罗斯福运用自己总统的职权，越过882名军衔高于潘兴的军官，直接将他从上尉提升为准将。这在美国历史上是绝无仅有的。

1906年至1913年，潘兴再次到菲律宾服役，担任要塞司令和省总督。3年后他又率领远征军镇压墨西哥当地的农民起义。1917年2月，潘兴的职位再次得到迁升，由准将升至少将。

在第一次世界大战期间，美国对德国宣战后，潘兴被任命为美国远征军司令，率领部队前往法国，独立参加对德作战。

由于潘兴治军严谨，他的下属私下里常常会称呼他为“恐怖杰克”。潘兴是一个完美主义者，严于律己的他从来都不会宽以待人。他对军容军纪的要求几乎到了令人无法忍耐的地步。

他要求他的部下和他一样，时刻都要谨记军人的礼仪规范。他认为只有这样才能确保下属的执行能力，才不会因为散漫的工作态度使命令无法得以实施。

此外，潘兴还特别重视士兵的训练工作，他强调训练必须要从实战出发。之前美国陆军的训练方式主要是按照内战时期的经验来进行的，潘兴则不然，他不仅参考借鉴英国、法国、德国的治军方式，还要求士兵们进行堑壕战的战术训练。他要求参战的美国士兵都必须克服被困守在堑壕时的消极思想，加强机动和火力的突破战术训练。

他要求每一位士兵都要达到训练要求，不允许士兵为自己的行为找借口。他认为强有力的行动能力是不需要任何借口的。

在第一次世界大战中，当同盟国和协约国双方打得筋疲力尽的时候，美军作为一股新生力量，踏上了欧洲这片土地。1917年英军总司令黑格和法军总司令贝当听说美国派来的远征军总司令是潘兴时，都为之一惊：怎么会是他这个难打交道的家伙？！

潘兴的任务就是帮助英法两军击败德国军队。面对战争，潘兴显得从容不迫。他并不急于投入战斗，而是认真开展战前训练。潘兴这种做法可是急坏了所有人，就连潘兴的参谋也不断地提醒他："我们训练的时间太长了，这会令所有人感到德国人的语言是正确的——在打垮英法军队前，美军是到不了战争前线的！"

潘兴听完参谋这席话之后，只是说道："德国人的想法我不了解，我只知道，没有经过训练的士兵是打不了仗的！"

英法两国的政治家和军事家很怀疑潘兴的能力，当潘兴一边指挥军队训练，一边带领军队开进战区后，英法两国人才真正见识到他的厉害。他们本打算将美军作为加强力来使用，并不打算给美军独立的指挥权，潘兴识破了英法的意图。

在一次联军会议上，潘兴当着英国首相和法国总统的面，一再申明美军必须有独立作战方向，必须拥有独立的指挥权，说完便拂袖而去。在潘兴的争取下，英法两国不得不同意美军在战场上保持其独立性。潘兴的这种做法，为美国在第一次世界大战后的国际事务中能够建立自身的军事地位奠定了基础。

1918年11月，潘兴率军协同英法联军对德军发起了总攻，突破了兴登堡防线，德军被迫投降。当潘兴凯旋时，受到了民众的热烈欢迎，并被授予自美国建国以来第一个陆军特级上将的军衔。此军衔除了潘兴外，再无人得到过。

战后的潘兴被委任为美国陆军参谋长，1924年退役后，任美国战争纪念委员会主席。潘兴不仅有独特的战略思想和领导才能，而且他还独具慧眼，大名鼎鼎的五星上将艾森豪威尔和四星上将巴顿将军，都曾得到过他的赏识和提携。

潘兴的严谨作风和强有力的执行能力，不仅使美国军队获得独立作战的结果，还为自己创造了荣誉，收获了人生丰硕的果实。由此可见，执行能力的强弱，在很大程度上影响着我们个人或是团队的成果。

个人的执行力是指我们每一个个体把上级的命令和想法转换为行动，再把行动转变为成果。就我们自身的成果而言，可以通过提高个人的执行能力来达到。

我们每一个人之所以努力奋斗，无外乎是为了获得一种成果。**对个人来讲，成果可以改变我们的命运。对于组织、团队来讲，成果是生存的根本。**

而团队的成果则是由团队中的每位成员所提供的。成员共同的努力成果，构成了团队的成果。也就是说团队的执行力，构成了团队的成果。而团队的执行力则是指一个团队将战略、决策持续转化为成果的满意度、精确度和速度。它表现出来的是整个团队的战斗力和凝聚力。

对于团队来讲，成果不是态度，成果也不是辛劳，完成任务也不能全面代表成果。成果不能只用利益来衡量。成果不仅是利益，成果还是团队的不断扩展、进步。

团队想要获得成果，首先就要增强团队的执行力。

然后，领导还要从实际出发，为下属定义成果。取得成果的第一步，就是对成果的正确定义。

而对于领导自身而言，既要表现出对成果的关心，也要表达出对执行工作任务的下属的关心。领导关心下属的程度，会直接影响到下属的心态。

综上所述，我们只有从眼前的实际情况出发，确保任务的贯彻和执行，才能让组织以优异的成果被社会、民众认可。

行动指南

我们常说没有执行的战略，就像是一场没有乐器的音乐会。没有执行力的团队就像是一盘散沙，行动不能统一。只有团队中的每位成员都以提高自身的执行力为前提，再加上领导对下属进行共同成果的确认和引导，才能确保团队拥有统一的行动力。如此具有统一行动力之后，团队才会创造出丰硕的成果。

空军首位非裔四星上将本杰明·戴维斯：

让下属折服于品牌的力量

你可以不尊重我，但是你必须要尊重美国的国徽。请你向国徽敬礼。

——空军首位非裔四星上将本杰明·戴维斯

在很长的一段时期内，人们曾认为组织结构和品牌战略没有关系。品牌是一个组织的形象、特征，它凝聚着组织的风格、精神和信誉。

举个例子来说明品牌的力量：假如可口可乐的工厂被一把大火烧个精光，第二天全世界各大媒体的头版头条一定会是银行争相为可口可乐公司提供贷款。这就是可口可乐人最为津津乐道的一句话，也是9年来蝉联“全球最佳品牌榜”榜首，品牌价值达

700亿美元之高的可口可乐公司的底气。

世界定位大师特劳特先生曾经说过："品牌就是把那些早已存在的联系，重新连接到一起。"

心理学研究表明，人对事物的思维的基础，全部源自于我们在日常生活中与社会接触的经验。这些经验随着时间的推移，逐渐积淀成为人们心中的固定模式或符号。

当一个组织把自身的品牌烙印在每一位员工的心中时，员工就会从内心滋生出一种荣誉感、使命感，会以更加积极主动的心态投入到工作中去，为建设、维护这个品牌而努力。

一次，一名黑人军官和一名白人士兵相遇了，士兵见对方是个黑人，虽然是他的长官，但是这名白人士兵选择了无视对方。当双方擦肩而过时，士兵的背后传来了低沉而坚定的声音："请等一下。"黑人军官说道："士兵，刚才你拒绝向我敬礼，我对此并不介意。但是你应该懂得，我是美国总统任命的军官，军帽上的国徽代表着美国的荣誉和伟大。你可以瞧不起我，但是你必须尊重它。现在，我把帽子摘下来，我请你向着国徽敬礼。"

士兵被说得哑口无言，他为自己方才的行为感到羞愧。于是，他恭恭敬敬地对着国徽和这名军官敬了军礼。

这位黑人军官，就是后来成为美国历史上第一位黑人空军四星上将的本杰明·戴维斯。

1912年12月18日，本杰明·戴维斯出生于美国华盛顿特区的一名黑人骑兵军官家庭中。他的父亲本杰明·奥利佛·戴维斯，当时担任第九骑兵团尉官（后成为美国第一位非裔黑人将军）。母亲艾尔诺拉·秋克森·戴维斯在本杰明4岁时就去世了，于是本杰明只能跟随父亲在军营中生活。

军队的生活给小本杰明留下了深刻的印象，每天清晨，他都是听着晨号而醒，小本杰明总是喜欢在士兵们列队出早操时，围着营房和远去的士兵们一起晨练。他适应并喜欢军队的生活，他觉得只要在军营中，他的内心就会被一种荣誉感所填满。小小的本杰明立志，自己长大后也要当一名军人，要像父亲一样，报效祖国。

本杰明14岁那年，他跟随父亲搭乘客机外出，蔚蓝的天空引发了这位少年的无限遐想，他幻想自己像一只鸟一样自由地在空中翱翔，这让他感到非常地惬意。于是本杰明对航空产生了浓厚的兴趣。

1932年本杰明以优异的成绩完成学业，为自己的中学生活画上了句号。他同时收到了两封录取通知书，一封是芝加哥大学寄来的，另一封则是西点军校的录取通知书。本杰明当然选择了后者。

在西点的那段日子对本杰明来说尤为难熬，不仅是严苛的锻炼，他还因自己不是一个白种人而受到部分同学的欺辱和歧视。在西点的“兽营”训练中，他承受着几乎比别人多出三分之一的训练量。

原本就疲惫不堪的身体，使他再没有办法承受过重的负荷。终于在一次列队训练中，本杰明昏死了过去。教官并没有做多余的抢救措施，只是用一盆冷水浇醒了他。在看到本杰明恢复意识后，教官命令他继续进行训练。

不仅如此，本杰明还要忍受其他同学对他进行的“恶作剧”。他们不是把本杰明的棉被藏起来，就是偷偷换掉他的教科书，要么就是拆掉他军装上的钮扣。尽管如此，本杰明依旧没有选择放弃。

本杰明不仅在学习上非常刻苦，在其他方面，他也严格要求自己。别人越是想看他的笑话，他就越是要求自己达到完美，好让别人没有办法嘲笑他。本杰明这种自立自强、永不放弃的精神，感染了那些原本歧视、欺负他的人。他们不再捉弄本杰明，而是友好地伸出自己的右手去和本杰明握手言和。

1936年，本杰明获得了理学学士的荣誉。在毕业典礼上，本杰明说道：“西点让我成长，它磨炼了我的体魄，锻炼了我的灵魂。我为自己是一名西点人感到骄傲。”

离开西点后的本杰明被分配到了佐治亚州的本宁堡第24步兵团。和父亲当年的遭遇如出一辙，本杰明也被自己的白人长官拒于门外。之后在美国陆军航空队，本杰明也得到了相同的“待遇”。

一连串的种族歧视经历，让本杰明感到非常不快。他曾经一度萌生过退役的想法，他认为因为肤色问题，自己此生已经失去了施展才华、实现抱负的机会了。但是当他看到自己的军衔和军帽上的国徽时，这种灰暗的想法就会被强烈的荣誉感、自豪感击得粉碎。

最后，他终于被本宁堡美军步兵学校所接纳，被派往偏远地区从事教员工作。本杰明被派往塔斯基吉学院，担任军事战术教员工作。（塔斯基吉学院位于阿拉巴马州塔克斯基镇）艰苦的条件并没有使本杰明退缩，他认为自己已经迈出了成功的第一步。

尽管在随后的几年里，本杰明的军衔一再被提升，但他始终无法加入正规部队。这让他感到非常失望。

1941年初，当日本的军事活动不断地威胁到美国时，当时的总统富兰克林·罗斯福立即下达指令，指示陆军部火速建立一支由非裔航空兵组成的飞行部队。本杰明终于看到了曙光，他曾在西点军校学习过飞行理论。就这样，本杰明作为飞行中队队长，被调入塔斯基吉空军基地，接受飞行训练。

本着对航空事业的热爱和刻苦努力的训练，翌年，本杰明就取得了P-40战斗机的飞行资格。1942年7月，本杰明被任命为第99中队的队长，并被授予中校的军衔。紧接着在1943年春季，他就奉命率领部队前往北非的突尼斯参加作战计划。

1943年6月2日，本杰明首次率机出征，他奉命对意大利西西里岛南部的潘泰莱利亚进行轰炸，以轰炸对盟军在该地的登陆行动进行掩护。同年9月，第99中队扩编为第332大队，本杰明担任第332大队的队长。此时，在美军高层中，有人借口第99

中队表现欠佳，打算将所有的黑人飞行员从部队中剔除出去。因此，本杰明的权力被剥夺了，同时还被停了职。

1944年1月，一名飞行战斗员在意大利击落了12架德机后被击毁，被停职的本杰明才得以复职。同年2月，本杰明晋升为上校，率领332大队中的4个中队，执行作战任务。翌年夏天，本杰明亲自带队指挥旗下P-51野马战斗机和P47雷电战斗机进行出击，累积击落111架敌机，摧毁或破坏地面敌机273架。

本杰明和他的黑人战友们在第二次世界大战中后期表现优异，令美军内外一些抱有种族歧视的中上层军官为之咋舌。空军建立后，本杰明晋升为少将。1965年5月晋升为中将，任驻韩国美军司令。1970年退役后他又担任“马歇尔计划”的负责人。

2002年7月4日，享年89岁的本杰明在华盛顿区沃尔特里德陆军医疗中心去世，遗体埋葬于弗吉尼亚的阿灵顿国家公墓。本杰明·戴维斯是美国黑人的骄傲，也是美国历史上第一位黑人空军四星上将。

本杰明的一生，起起落落波折不断，更曾因自己的肤色问题遭人歧视，可美利坚合众国公民的身份给了他力量。他热爱他的国家，这种热爱使他产生一种积极正面的力量，使他面对屈辱，面对挫折。

如果美利坚合众国算是一个品牌的话，那么本杰明就是忠心折服于这个品牌的人。在我们的生活中，品牌不仅能带给我们优先的机会，还能带给我们非一般的发展爆发力，此外，品牌的力量还能给我们带来坚强的抗风险的能力。

优质的品牌让人信服，但是请别忘记，折服于这个品牌的同时，我们也要去建设这个品牌。

一个组织的品牌、形象，就像是大树的树干和枝叶，这棵树是否蓬勃健康，一望便知。

而组织内部的成员就像是大树的根系，大树要想茁壮成长，根系就要不断摄取养分。所以一个组织的品牌形象，是需要组织内部成员去铸造和维护的。

行动指南

品牌和社会、文化、心理相互作用，密不可分。想要让人们折服于自己的品牌，就要联结、启动人们的内隐记忆，从而启动内隐意识和内隐认知，借用意识的力量，让品牌深入人心。

美国7-11连锁店总裁戴皮托：
纪律是我能够成功的基础

我从西点学到很多，纪律、如何做一个领导者、对团队精神重要性的理解，这些都是我能够成功的基础。

——美国7-11连锁店总裁戴皮托

纪律和绩效，这两者之间看似没有什么必然的联系，其实却有着紧密的关系。举个我们上学时的例子来说明：某个纪律好的班级，成绩自然不会差。因为调皮捣蛋的人少了，读书学习的人自然就多了。

孙子曾云："兵者，诡道也。"而戚继光却说：**"对敌人当然应该使用诡道，自己的士兵不是敌人，所以不能施以诡道。士兵们是需要用纪律来约束的，是需要指导、关爱和帮助的。"**在我们这个竞争的年代，团队中的成员就像是部队中的士兵，要勇于冲锋陷阵，还要能够坚守岗位，出色地完成上级交付的任务。想做到这一点，就需要用好的纪律对团队中的每位成员加以约束。

提到带兵，就不得不提西点军校。西点军校负责培养的是“高级士兵”——军官。学校有一套完整的纪律体系来约束管理这些高级士兵们。这套严格的规范制度所培育出的学员，可谓个个都是人中龙凤。毕业后，即便有的学员走向了其他领域，也都在各自的领域中有所作为。戴皮托就是其中之一。

戴皮托是美国知名连锁店7-11的总裁，在他上任前，7-11就已经小有规模了，戴皮托上任后，对组织进行了一系列的改革，促使7-11进一步扩展壮大，进而成为遍及全球18个国家和地区的大型连锁便利店。在这套改革措施中，最为显著的就是纪律方面的整顿。

让我们从头说起。

戴皮托自幼就受到了良好的教育，他的父母对他从来不娇惯，他经常会帮父母做些力所能及的家务，比如说打扫房间之类的事情。这使戴皮托从小就受到了生活的锻炼。

进入小学后，戴皮托也是一名循规蹈矩的好孩子，他从不做出格的事情，并按照行为准则来约束自己，他不撒谎，也不说脏话。在老师的眼中，他是一个有礼貌并且开朗好动的男孩。在同学眼中，他是一个懂得谦让的好伙伴，所以在他身边，总是围绕着许多人。

1982年，戴皮托走进了西点军校的大门。西点军校校规严谨，训练严苛，这些都是戴皮托早先就知道的。他就是希望自己能够脱胎换骨，能够得到锻炼，才选择这所院校。在骨子里，戴皮托不愿做一个默默无闻的人，他希望能够成就自己的一番事业。

当戴皮托看到那些矗立在校园中的伟人雕像时，他认识到自己崭新的人生即将拉开序幕。用戴皮托自己的话说就是："进入西点，仿佛进入了幼儿园。在这里我们就像是孩子一样被教育、被管理。我们不能提出自己的意见，因为我们是'孩子'。"

戴皮托很注意自己的军容军貌，他的头发总是修剪得很整齐，他的衣衫也总是会被烫出坚挺的线条。他的鞋子被擦拭得一尘不染。他的良好军容给教官留下了深刻的印象。

按照学校规定，学员宿舍中不允许有酒，必须保持宿舍绝对的整洁。此外，学员们必须要在每晚的11点半前就寝，否则就会受到记过的处分。在西点，虽然不会有谁去特意检查学员们的宿舍，但学员们仍会自动自觉地做好该做的一切。就像是西点人一直所宣扬的那样：西点的教官从不监视学员，我们要做的是让纪律来看守西点。

在军事训练方面，戴皮托也严格要求自己遵守纪律。一次，上午的训练完毕后，大家正准备回去就餐，就在这时，教官发出了指示：半小时内，你们每一个人都必须穿过丛林到达a训练区，记住，我要求的是全体学员都要完成！

教官说完指示后就离去了，剩下一帮饥肠辘辘的学员留在原地。此时戴皮托的肚子在不断地哀号，他的双腿也因上午的作战训练而颤抖不止。可是教官已经发出了指令，他们就必须要完成。西点的纪律、西点的荣誉，已经在他们心里扎下了根，学员们不允许自己违抗上级的指令。

戴皮托也拖着颤抖的双腿上路了。要知道，穿过丛林到达a训练区是一段遥远的距离，要想按时到达，就不得不跑步前进。此时，不仅是戴皮托感到劳累，同班的每一位学员都觉得自己全身的骨头已经快散架了，但他们仍然向着目的地奔跑。

当学员们按时到达训练区时，在操场上并没有看到教官的身影，直到他们重新返回营房后，才看到教官悠闲地坐在营房门口等着他们。有一名学员问教官为什么没有到指定地点查看，教官却说："因为我知道你们会按时到达。"

这件事给了戴皮托深刻的启发，他深刻地意识到纪律的作用和重要性。1986年，戴皮托从西点毕业了。毕业后的他选择了进入商业，他来到了7-11的总公司。

7-11（SevenEleven）连锁便利店，意为该商店营业时间为上午7时至晚上11时。它的前身是成立于1927年美国德克萨斯州的南大路制冰公司。该公司经过不断的探索、改革和发展，最终决定以中小型零售业和共同生存发展为理念，力求为消费者提供独具特色的、快捷便利的服务。

于是，公司在1946年更名为7-11。后来在1962年，为了向民众提供更为周到的服务，公司开始改为24小时全天候营业。

戴皮托进入公司后，曾对部分连锁店进行了实地考察，考察结果令他很是失望。他曾在凌晨12点过后去7-11连锁店购物，考察员工的实际工作状况和态度。结果他发现，员工们不是在看杂志，就是在睡觉。而在客流量较多的高峰期内，店内的服务员依旧是一副懒洋洋的样子。

由于店员们的普遍松懈和疏忽，连锁店内时常会有丢失货品的现象发生。如果把这些损失折合成现金的话，全美各连锁店的总损失金额令人惊讶。戴皮托决心要对这种现象进行整顿。

他采取了一系列的强硬手段，首先开除了几名松于值守，不遵纪律的员工，然后对公司的制度进行了改革，他把在西点军校学习到的知识应用到了公司的管理上，他要求员工严格遵守规章制度，如果发现有违纪的现象，就会记过，当记过的次数达到一定程度时，不管是谁，一律开除。

一次，公司开例会的时候，一位已经上了岁数的管理高层迟到了。戴皮托一向对他都很尊重，可是他不能因为尊重而违反纪律，戴皮托依旧给这位高层记了过。

戴皮托的这一举动就像是把一颗石子投入平静的湖面一般，激起了千层涟漪。员工们意识到了戴皮托整顿公司的决心并不是闹着玩的，于是大家再也不敢玩忽职守，都认真地遵守公司的纪律。

在戴皮托的改革推动下，公司变得更具竞争力。现如今，7-11的店铺已经遍布美国、日本、中国、新加坡、挪威、瑞典、加拿大、印度尼西亚等地，全球店面数目逾3万家。

Chapter 7
第七章 绩效管理

戴皮托曾说过，自己最看重的就是对纪律的要求和管理。他认为，**一个团队是否具有竞争力，是否能适应不断发展变化的社会，很大程度上取决于团队内是否有一套完整的纪律体系和团队成员对纪律的遵守程度。**

由此可见，一个组织想要健康成长、稳步前进，就要有良好的纪律制度作为后盾。在纪律制度面前，人人平等。

一个守纪律、有原则的团队成员，是一个让人放心、受人喜爱的人，因为他能自觉维护团队利益；一个守纪律、有原则的团队，是一个有诚信、受群众欢迎、能为社会创造价值的团队。

一个团队如果制度不完善，或是团队成员不能很好地遵守制度的话，那么这个团队将会出现各种各样的问题，例如做事轻率，不负责任；对于工作玩忽职守，好高骛远；违规做事，投机取巧，等等，这样的团队犹如一盘散沙。

邓小平曾经说过一句经典名言：一靠理想，二靠纪律，才能让组织团结起来。**只有团结起来的队伍，才可以随时爆发出勇往直前的力量。**因为纪律不仅是行动力的保障，还是敬业的基础。只有爱岗敬业、行动能力强的团队才能不断创造佳绩。

行动指南

一个组织只有先构建一套完整的纪律体系，才能按照规定要求成员遵守纪律。只有遵守纪律，才能使团队具有强大的凝聚力，才能形成无坚不摧的团队，才能同心协力，面对各种挑战，完成各种任务，为组织创造绩效。

奥巴马大学校长唐尼索恩：对上级的服从是有效完成任务的基础

听从指挥，按照上级要求的那样去行动，才能保证上级的命令通过下属的服从，从而达到贯彻与执行，才能确保更出色地完成任务。

——奥巴马大学校长唐尼索恩

提到服从，我们并不会感到陌生，因为这是一种普遍现象：幼儿时期，我们会服从于父母，上学期间，则服从老师，工作之后，就要听上级的指挥。服从的意义在于，它对各个群体和组织来讲，起到了协调发展的作用。

俗话说得好：没有规矩，不成方圆。在好的规则面前，要懂得服从：在我们的生活中，我们要服从于法律、道德的约束。只有这样，我们才能享受生活中明媚的阳光。在工作中，我们要服从组织、领导的安排，积极主动地完成上级交给我们的工作，这样才能成为团队中一名优秀的成员。

然而在我们的身边，常常能听到有些人一直在抱怨自己缺乏展现才能的机会，并为自己的惨淡际遇寻找各种各样的借口。殊不知正是他们不讲服从、爱找借口的习惯，导致了他们的失败。

他们常常会对上级给予的工作挑三拣四，认为简单的工作不能表现出自己的工作能力，而复杂的工作他们又做不来。于是，他们一再与机会失之交臂，在岁月中蹉跎了自己的人生。

而聪明的人则不然，聪明的人会服从组织的安排，认真做好自己的每一件工作，让自己的能力在实践中得到锻炼，在锻炼中积累经验。他们在服从的过程中，寻找机会、创造机会并展现自我价值，而不会傻傻地等待机会突然降临到自己头上。

著名领导力专家、奥巴马大学校长唐尼索恩博士曾经说过："我们有没有学会服从，在很大程度上决定着我们能否取得成功。"

位于西点的美国陆军军官学校，也被人称为西点军校。自建校起，学校就以培养领导者为己任。从1802年建校至今，西点已经逐步形成一套独特的教育体系来培养学员的领导能力。拉里·R·唐尼索恩博士就曾是西点军校中的一员。

唐尼索恩1966年毕业于西点军校，并在西点军校任首席领导力教授一职达15年之久。他被西点军校校长戴夫·R·帕尔默将军称为“现代研究和实践西点领导力，时间最长、资历最深、最具权威的专家”。

唐尼索思博士的成就不止这些，他还是斯坦福大学的经济学硕士、哈佛大学的领导力教育学博士。在三家顶尖著名学府的求学经历，使唐尼索思博士具备了超强的分析总结能力和深厚的理论研究经验。

唐尼索思博士刚进西点的大门时，还是一个青涩的少年。他在西点首先学会的就是服从。按照西点的惯例，新兵都要在巴克纳营地接受训练。只有完成训练的人，才能真正算是西点的一员。

在一次新兵列队训练中，教官命令他们站在骄阳下，不一会儿，汗水就顺着学员们的脖子往下流，但是学员们却不能伸手将汗水擦掉。紧接着，刺痒的感觉就开始一波波地向学员们袭来。

唐尼索思实在是忍不住了，趁着教官没注意，偷偷地搔了搔痒。几乎就在他搔痒的同时，教官转过了头，正好看到了这一幕。于是教官命令唐尼索思出列，单独为他一人延长了队列训练。

唐尼索思通过这件事情明白了什么叫做“军队之忍”，就是在教官下达命令前，即使自己身体再感觉不适，也要忍住不动，除了靠意志力抑制自己的不适感之外，别无选择。同时，聪慧的唐尼索思也明白，这种自我控制的训练并不是要折磨他们、羞辱他们，而是要训练他们学会接受权威，而不是接受挫折；学会服从命令，而不是像一个普通人一样没有约束。

唐尼索恩明白，只要自己能够通过这一关考验，学会服从，那么他内心的自信和自我评价就会得到提升。

战战兢兢的野营训练即将结束，唐尼索恩不仅完成了各种集体训练，而且还学会了服从团队安排，体察团队协作的力量。唐尼索恩原本以为斯巴达式的训练可以就此完结了，令他没有想到的是，在离开巴克纳之前，教官命令全体学员全副武装，行军到帕博鲁本湖，在那他们还要通过一系列的信心考验。

其他的都还好说，最令唐尼索恩感到担心的就是“生存滑降”，因为他有些畏高。生存滑降是西点最著名的，也是最令人颤抖的一项挑战。它要求学员经过80英尺的爬梯，爬上塔顶，然后抓紧装在钢缆上的手持滑轮往下降。钢缆从塔顶一直延伸到湖的对岸，这就要求学员们必须用手臂的力量支撑住整个身体和装备的重量，而且还要在到达对岸之前跳入水中。从水中出来后，再爬上高杆，走过挂在25英尺高的一根圆木后，再爬上一根在水面上方拉紧的绳子，最后按照指令放开绳子，跳入湖水中。当学员把自己的身体拖出水面时，信心考验才宣告完成。

唐尼索恩真的不想接受这项挑战，他有些为难地看着教官，教官却大声对他说道：“爬上去完成它！我命令你这么做！”唐尼索恩只能听从教官的指示，爬上了塔尖。当他最终拖着湿漉漉身躯爬上岸边时，他知道自己成功了，他突破了自我。

1966年，唐尼索恩毕业后，主动请缨到越南完成第一个军官任期。他原本可以避开战争，选择另一个地方接受任命，但是他却没有改变主意，他想通过实践来检验自己在西点所学习的理论知识。

到任后的唐尼索恩，被分配到了位于金兰湾海岸的一个排里负责筑路。筑路就少不得满头大汗、深陷泥泞。作为一名少尉，又是自愿来到这个闷热潮湿的地方，唐尼索恩原本可以申请换一个轻松些的职务，可是他没有这样做，他选择了服从组织的安排。

此外，唐尼索恩还曾在战役中担任过各种角色。这些实战经验更是让他认识到了服从的重要性。

在战场上，士兵们的一举一动都对战争结果起着至关重要的作用。如果士兵们不服从纪律的管束，自由散漫，并且对上级下达的命令弃之不顾，那么，即使再完美的作战计划，也只是一张白纸而已。

唐尼索恩在服役期满后，被推选为奥巴马大学的校长，并被授予领导力杰出教授的资格。由于唐尼索恩在领导力方面不仅具有学习、教学经历，并且他还具有充分的实践经验和深刻的体验，所以许多世界知名企业、机构都曾向他发出过邀请函，他们邀请唐尼索恩博士担任其企业的领导力顾问。

这些企业包括美国运通、IBM、强生、FMI公司、美国农业保险公司，以及美国空军学院、国际刑警组织等。

唐尼索恩在服从精神的帮助下，不仅克服了自身的恐惧感，而且使他得到了多元化的锻炼，积累了宝贵的人生经验。他自身就是服从精神的受益者。

在我们的工作中，领导所下达的每一个指令，基本都是以实现组织目标为基础的。正因如此，领导的指令，才更加需要下属的服从。下属对指令的服从，就是下属以团队利益为重的基本表达方式。因此，服从并不只是态度问题，还在一定程度上反映了一个人是否具有较强的组织观念。

服从往往意味着奉献和牺牲。既然要服从，很多时候我们就要放弃个人的想法和自由，一心一意地执行上级交予我们的任务。如果从利益的角度来审视服从的话，那么服从就是少数服从多数、下级服从上级、个人服从组织。这样就确保了集体利益，集体利益得到保证的话，个人利益也就会相应得到保障。

此外，服从还是一种自信与勇敢的表现，也是果断执行的体现。服从上级安排，表明了一个人对自己职责的态度，也体现了对职责是否具有使命感。我们都知道，思想影响态度，态度又会影响行动。一个服从安排、不找借口的人，肯定是一个对自己充满信心、具有行动力的人，这样的人必然能有效地完成工作任务。

行动指南

只有具有服从品质的人，会在接到工作任务之后，充分调动自己的主观能动性，想方设法完成任务；即使完成不了，也会勇敢地承担责任，而不是找各种借口、理由来推脱责任。所以服从不仅是一种美德，也是一种实现自我价值的方法。

美国空军之父亨利·阿诺德：卓越的战略为完成任务保驾护航

未来战争的命运将由天空来决定，作为指挥官不仅要有超前的战略眼光，还要有制定卓越战略的能力。

——美国空军五星上将亨利·哈利·阿诺德

在我国，战略思想源远流长，究其根本，可以追溯到先秦的韬略之学。到了三国时代，战略更是发展迅速，硕果累累。在我国历史上，战略人物层出不穷，其理论更是独特精辟。这些理论思想，在现今这个竞争激励的时代，无论是在政治、经济、军事，还是外交上，都有不可估量的参考价值。

我国古代将战略称为谋略、韬略、兵略等，意指文韬武略。直到现在，当人们提及此话题，部分人还是会常常将它理解为单

纯的战斗用兵的计谋。事实上，战略从来就没有单纯属于军事战争。

“战争”除了单纯的武力拼斗外，还有经济战、心理战、外交战、宣传战等，而战略都会在这些身体、思想的交战中发挥作用。所以，上至国家，下至团队，想要发展壮大，都需要战略的帮助。

著名管理学大师明茨伯格对战略进行过这样的描述：“战略是一个组织达成目标的详细计划，优质的战略是高效完成任务的保障。”

美国空军之父亨利·哈利·阿诺德则把“优质的战略是高效完成任务的保障”这句话，用行动表现得淋漓尽致。

亨利·哈利·阿诺德，是美国空军五星上将，1886年7月25日出生于美国宾夕法尼亚州格拉德怀尼。他曾任美国陆军航空队司令、陆军副参谋长。同时，他还对美国空军独立成为新的军种做出过巨大贡献。

1903年，阿诺德考入了美国西点军校，他在西点时就显得有些与众不同，他格外喜爱思考，并且对飞机产生了极大的兴趣，所以闲暇时阿诺德一般都会在图书馆中度过。阿诺德还曾思考过未来战争的模式，他认为，未来的战争并不会仅局限于地面战争。

1907年，阿诺德毕业后被任命为少尉军官，他远涉重洋，来到菲律宾任职。20世纪初，当美国的莱特兄弟发明飞机并且试飞成功后，阿诺德再也按捺不住自己激动的情绪，他在1911年自愿报名，去俄亥俄州的代顿向莱特兄弟学习如何飞行。

在阿诺德累积了3小时48分钟的飞行经验后，他成为了美国陆军的首批飞行员之一。此后，阿诺德给自己制订了一整套完善的训练计划，而且他会严格遵守自己的训练计划。于是阿诺德凭借着自己对飞行的热爱和努力的训练，在学习飞行后的第二年，就创造出了飞行高度的世界纪录——6540英尺。为了表彰阿诺德的这种精神和成绩，政府颁给他一枚胜利勋章。

突如其来的变故，让阿诺德不得不暂时放弃自己的飞行事业，他再次赴菲律宾步兵部队服役。事情的突变，对阿诺德来说无疑是个沉重的打击，因此他多少显得有些萎靡不振。就当阿诺德为自己不能再驾驶飞机而感到沮丧时，他遇到了乔治·马歇尔。此时阿诺德还意识不到，自己将来的前途会受到马歇尔的巨大影响。

阿诺德在自己服役期满之前，就开始为自己计划，他不断地向上级发出申请书，希望能够在自己服役期满后调入飞行部队。1916年，阿诺德服役期满后，他如愿以偿地再次转入了飞行部队，并晋升为上尉。当美国介入第一次世界大战后，阿诺德奉命在巴拿马指挥一支飞行部队，阿诺德出色地完成了这一任务，之后阿诺德赴位于华盛顿的陆军航空兵总部任职。由于在任职期间的优异表现，在1921年，阿诺德晋升为少校。

1925年至1926年间，阿诺德进入了陆军工业学院学习。能够再次进修，对于军人来说是一种荣誉，也是政府重视自己的体现。在学习期间，阿诺德对陆军航空兵领导人米切尔提出的“在未来战争中，谁夺取了制空权，谁就掌握了制胜的决定性因素”这一观点表示认同和支持。当米切尔受到审理时，阿诺德又出庭作证，表示支持建立独立的空军部队，因此阿诺德被流放到了堪萨斯的赖利堡。

被流放的阿诺德此次没有表现出心灰意冷，他决心要向世人证明自己的观点和认知。他在赖利堡潜心钻研航空兵战术和航空技术，写下了《飞行故事》、《空战》、《陆军飞行员》等著作。

此后，当阿诺德从位于利文沃斯堡的陆军指挥与参谋学院毕业后，他来到了俄亥俄州航空站和莱特基地工作。1931年他升为中校，调任加利福尼亚马什航空基地，作指挥官。3年后，由10架轰炸机组成的编队，从华盛顿直飞艾拉斯加，再安全返航。此次飞行任务由阿诺德率领，飞行全长18000英里。阿诺德出色的表现，使他再次获得一枚胜利勋章。

1935年3月，阿诺德升为准将，出任第一航空联队的联队长。3年后，他升为少将，就任美国陆军航空兵司令。随着世界大战的临近，阿诺德向罗斯福总统发出呼吁，要求扩充空中力量。德国空军在欧洲闪击战中所起到的作用，日益为人们所认识。1940年6月，法国败降后，罗斯福总统下令生产5万架飞机，以便保卫西半球的安全。

战争为阿诺德实现自己的理想提供了机会。1940年10月，阿诺德升为航空兵事务所的陆军副参谋长，同时兼任陆军航空兵司令。翌年7月，美国陆军航空兵改组为陆军航空部队，12月，阿诺德升为中将。1942年3月，美国陆军再次改组，陆军由三部分组成：陆军地面部队、陆军航空部队、陆军后勤部队。阿诺德也改任美国陆军航空部队的司令。

太平洋战争爆发后，美英两国决定由两国军方组成联合参谋长会议，以便共同制定反法西斯的全球军事战略。1942年，阿诺德成为美国参谋长联席会议和美英联合参谋长会议的成员。

在第二次世界大战期间，阿诺德除了因病缺席雅尔塔会议外，他参加了盟国所有决定军事战略的重要会议。这些会议所做出的决策，都受到了阿诺德战略思想的影响。他的战略基本思想为：由于空军的出现，使得盟军可以深入敌人战略后方，破坏敌军的后方补给，进而从整体上摧毁敌军的抵抗意志。这样就无需占领敌国领土，仅用空军就可以迫使敌人投降。

1943年的卡萨布兰卡会议，批准了阿诺德提出的加强从空中打击德国的建议，5月的华盛顿会议再次确定打击轴心国的重要战略手段之一为空中轰炸。在阿诺德战略思想的影响下，大批美国轰炸机部队开始在英国集结，并组建了第八航空队，专门实施对德国的轰炸。同年3月，阿诺德晋升为上将。

在1943年11月至1944年3月的“柏林之战”中，盟军多次空袭德国首都柏林，德军的士气遭到沉重的打击，进而加速了纳粹的瓦解。1944年4月，阿诺德兼任第20航空队司令，他率领航空军进驻马里亚纳群岛，亲自指挥空袭日本的计划。同年12月，阿诺德获得五星上将的军衔。

1945年8月，阿诺德的陆军航空部队在日本的广岛和长崎分别投下了“小男孩”和“胖子”两枚原子弹。之后没几天，日本宣布无条件投降。1947年，美国国会正式批准陆军航空队脱离陆军，组建成独立的军队——美国空军。

盟军能够击败轴心国，并使日本无条件投降，取得第二次世界大战的胜利，离不开卓越严谨的战略。由此推广到我们工作中来，**一个组织想要圆满完成任务，取得成绩，也离不开详细周密的战略计划。**

但是在组织中常会出现战略与绩效脱节的情况，这是因为很多人都对战略存在观念上的误区。

一提起战略这两个字，往往会让人觉得高不可攀。很多人往往会认为这是高层人员的事情，自己只要做好本职工作就行，这种认知，造成了组织内部高层清楚、中层模糊、基层不知道“战略是什么”的局面。

还有不少领导把战略当成了口号，盲目地提出一些不切合自身发展实际的战略口号。他们不考虑自身情况，也不考虑、分析竞争对手的情况，更不重视大环境对组织产生的影响，这就造成了他们制定的战略本身非常空洞，缺乏实施的可行性，也间接地促使员工认为战略高不可攀，最终导致战略成为一纸空文。

综上所述，只有从实际出发，制定确实可行的战略，才能让战略为组织的发展保驾护航。

行动指南

在社会大环境下，从实际出发，再结合组织自身的特点，制定出切合实际的、确实可行的战略计划，加强组织内每一名成员的战略意识，把战略计划分层逐步落实到每个部门每个人员的头上。

Chapter 8

第八章 危机管理

大多数人都会遇到这样的事：当你面对一个难度特别大的任务时，你的第一个反应是："这太难了，不可能做到的"、"恐怕没有解决办法了，不如放弃吧"……但是我们不妨先把任务放在一边，冷静地思考一下：到底是这个难题真的无法逾越？还是我们从心里就没有打算好好去解决或懒得解决呢？

这世上没有解决不了的问题，只看你是不是真正想要解决。作为领导者，其既肩负着整个团队组织的前途，更要为自己的人生与家庭负责，所以，在工作上遇到难题时，领导者是没有资格去逃避的。逃避就是给自己推卸责任找借口，随之而来的必然是以后习惯成自然的又一次逃避和失败。

归根到底，造成这种局面的原因无非是因为对困难的恐惧，本章就将对"恐惧"这一人性弱点展开讨论，帮助领导者们找到症结所在，克服这一弱点，以更好更扎实地向前迈进。

西点教官约翰·哈利："不可能"使事情画上句号，"总有办法"则使事情有突破的可能

没有什么不可能——"没有办法"或"不可能"常常是庸人和懒人的托辞。

——西点教官约翰·哈利

遇到困难时立刻做出逃避的反应是人的一种本能，在原始社会，人们衣不蔽体，靠狩猎为生时，遇到危险的大型动物的第一反应也是能躲多远躲多远，即使那时的人们还不具备严谨的思考能力，但在他们看来，这动物很有可能会对自己造成伤害，唯恐避之不及。

人类经过几亿年的进化，这种本能依然没有改变——当我

们面对一些难以完成的任务时，有些人就会条件反射地想到逃跑，这是因为他们首先就在心里否定了自己，认为这个任务难度太大，他们不相信自己的实力，于是给自己找个“不可能”的借口，就此画上句号。

任何一个团队在工作中都会遇到各种难题，人们或战或退，选择各不相同。然而，我们跳出来看这个现象，究竟是该任务真的艰巨到无法完成，还是人们被自己吓倒了，然后放弃寻求解决方法呢？

其实，任何团队召开讨论会议时，每个成员都会提出各式各样的方案提议，思路新颖且富有朝气，这些提案建立在想象之上，不受任何因素制约，所以人们可以任意发挥自己的创意能力。然而，当这些提案经过各种现实性的评估与预算后，它的未来变得具有不确定性甚至充满风险……当事情发展到这里，人们的思想开始出现两极分化：第一类人认为虽然前途未卜，但总要试试看才行；第二类人则认为，对这样一个不稳定的新提案投入过多是非常不理智的，也是“不可能”完成的，并且他们会找出各种借口与理由来佐证自己的观点，说服别人。

当然，我们不能说第二类人的做法就是完全错误的，毕竟现实是理性而冷酷的，你看不到创新的变数在哪里，也不知道自己能否有走完全程的能力。但是，如果立刻就决定放弃的话，那么你永远也看不到结局。

对于领导者而言，不管你身处何种行业，摆在拥有决策权的你的面前只有两条路，要么赢，要么输。过早地否定自己，连连说“不可能”的人注定会输；而愿意放手一搏，认为这世上“总会有解决办法”的人虽然未必一定能大获全胜，但他肯定在起跑线上就已经为自己赢得了50%的机会。

约翰·哈利是西点军校的一名普通教官，在人才辈出的西点，他的名字实在算不上响亮，但在人们的心中，他却占有另一个重要的位置，这是因为他杰出的教育理念影响了一代又一代人。并且，从西点毕业后的学员在遇到难题时，仍然会回校向这位教官请教，可见他的魅力所在。

哈利最有名的一句箴言是：“‘没有办法’或‘不可能’对你没有任何好处，请马上删除这样的想法！‘总有办法’对你有好处，所以应把它加入到你的大脑中。”在哈利的人生中，从没有“不可能”、“做不到”这种思想，他认为，只要是由人布置的任务，就一定有它的解决之道。

一天，哈利曾经教过的学生克鲁克专程去这位昔日恩师家里拜访。二人相谈期间，哈利见克鲁克总是一副欲言又止的样子，就明白他一定是有事想要请教自己，于是大方地鼓励他把心事讲出来。克鲁克犹豫半晌，有些不好意思地吐露了实情。

原来，克鲁克从西点毕业后就找了一份职员工作，那间公司不大不小，薪金待遇都很让人满意。因公司尚处于发展阶段，需要更多的新点子提供思路，所以克鲁克的总裁十分提倡员工们集思广益，大胆发言，不怕你点子吓人，就怕你没点子。待遇条件好，上司又这样亲切和蔼，按说实在是没什么可抱怨的，“可我有个过不去的坎。我也想了很多点子，可总是在最后关头被自己否决掉。我并不是担心，只是思来想去，完成这样一个提案会给公司造成很大压力，我认为与其给公司造成损失，还不如从开始就不要提。直到有一天，我发现这已经成为我的习惯，当我想改正时却总是不由自主去想后果，结果提案又被搁置了。我真羞于对别人说起我是西点毕业生。先生，西点没有我这样没用的学生对吗？”

哈利听到这里已经明白了几分，他知道，克鲁克最初一定是为自己的上司和团队着想，所以才瞻前顾后的，可是在他没有注意到的时间里，这种行为久而久之形成了一种习惯，让现在的他痛苦不已。哈利先是安慰自怨自艾的克鲁克，肯定了他的初衷，并且向他说明这不并不是他本人的错，也和西点荣辱没有任何关系，而且想要改变这个习惯也并不难，只要克鲁克愿意克服，那就没有什么不可能。

“不如我给你讲个故事好了。”哈利给克鲁克倒了杯热茶，然后坐下来慢慢开导这位陷入迷途的学生。

“从前有一个以卖装饰画为生的小商人，他只用了短短10年，就跻身于弗吉尼亚州10大富翁之列。要知道，他所赚利润的空间有限，又是白手起家，能做到这个地步已是相当不易。当他为家人换了大房子，开上新车后，他昔日的同行们还守着自己的小店铺为生计打拼。你知道这是为什么吗？”

克鲁克摇了摇头。

“就是野心！成为富人的野心！这就是他与众不同的地方。他的那些同行们大多习惯于安稳度日，对未来并无规划，也没有梦想过要成为有钱人，只求生活稳定不愁温饱。他们这种想法没有错，但假如我们拥有能让自己生活更好的机会，为什么不尝试一下呢？

“现在你所遇到的瓶颈，就像那位商人的同行一样，缺乏一种冲劲。你要学会对你的工作产生企图，企图把它做到最好，企图把它实现。你所要做的事就是寻找一切让你完成任务的方法，而不是在做之前就先败下阵来。

“其实，我们生活在人类社会中，做什么事都是以人的意识为出发点。只要不涉及无法违背的自然之力，那么所有事情都是可以解决的。你看看咱们的国家就会知道，美国是个没有历史的国家，如果没有当初先辈们的坚持与企图，扩充这广阔的土地，又怎会有现在的美国？怎么会有现在的你我？”

“我想我明白您的意思了。”克鲁克脸上明显亮了起来，“从今天开始，我会培养自己在工作上的野心，再不会像以前那样拖泥带水了。”

哈利满意地笑了：“年轻人，不要害怕前进。有前进就会有失败，但你若不前进，就永远无法成长。所有事情都有它的解决方法，没有方法你就自己创造方法。而如果你先对自己说了‘不可能'，那么谁也帮不了你。"

古有愚公及其子孙移走太行王屋两座大山，今有青藏天路天堑变通途。我们当然不是提倡为了达到目的就一定要改变自然，而是想说明，只要有企图、有信心，什么艰难险阻都能够克服。古话说"世上无难事，只怕有心人"，正是此意。

作为领导者，在面对团队低迷时，自己首先不能泄气。或许外界因素的影响暂时制约了团队的发展，但领导者要时刻谨记，并同时向下属传递一个意识：困难不可怕，只要大家努力，就一定能走出困境。假如人人都认为形势不会改变了、自己没救了、做什么都无济于事了、想突破是不可能了……而不去寻找解决方法的话，又如何让团队浴火重生？

困难激励着我们每个人的蜕变与成长。在困难面前，最怕的是我们自己先放弃。如果领导者自己失去信心，以消极情绪面对下属，又如何期待他人帮助你解决问题呢？

世上所有的困难不会永远存在。试想几百万年前恐龙大灭绝，生命进化看似遭受重创，但随着时间流逝，不是又进化出了灵长类动物，最终出现了人类的繁荣？

事业有成者之所以成功，就是因为他们能够忍受前进路程上的迷茫、艰辛、痛苦与挫折。**别让"不可能"束缚住自己前进的脚步，别让它为你的事业画上句点。只要你愿意放纵自己的一点点"野心"，相信自己，打开思路集思广益，这"不可能"就会**

变成“有可能”、“很可能”。

行动指南

树立信心，再培养一点点突破的野心，坚定自己的信念，无论在奋斗过程中遇到任何艰难险阻，都要做到不放弃、不回头。要记住，放弃第一次就有第二次，所以不要让第一次发生。

对自己和所有人说，困难是暂时的，如果一时没有解决方法，首先可以请团队所有成员提议，其次自己也可以调整思路，改变思维模式，用一种全新的眼光看问题，你会得到新的答案。

五星上将麦克阿瑟：
你不仅需要助手，也需要对手

为了更好地解决问题，你不仅需要助手，也需要对手。

——五星上将道格拉斯·麦克阿瑟

人，从脱离母体的一刹那，就一直在保持着不断的成长，无论是生理或是心理，人们都通过自己的方式发生着大大小小的改变，这些改变使人们变得更加成熟、更有担当，变成一个可以被他人所依靠的人。虽然每个人成长的过程都是独一无二的，但在这个过程中，有两种人会对我们起到深远的影响；一种是朋友，另一种就是对手。

在一般情况下，朋友的作用毋庸置疑，若一个人想要成就一番事业，朋友的帮助将是功不可没的。首先，朋友可以为你提供坚实的精神后盾，甚至有的还会提供物质帮助，无论你是成功还是失败，朋友永远都会站在你身后，与你同甘苦共患难。朋友的重要性不需赘述，相信每个人的心中都有自己的感悟。

至于对手，可能就有些微妙了。在有些人眼中，对手宛如洪水猛兽，对手阻碍了其前进的步伐，可能还夺走了原本属于自己的利益；而在另一些人眼中，对手的作用却是积极的，正是对手的紧追不舍才迫使其不断努力，最终达成可能原本无法达成的目标。

作为普通人，可能更需要朋友，“朋友多了路好走”是千古不变的道理，而作为领导者，我们或许更应该像第二类人那样，正面评价对手的作用。一个没有竞争的环境是无法造就英杰的。在以各自利益为前提的竞争中，或许对方会给予我们无情的打击与伤害，但只要我们自己的信念没有倒下，这些挫折必会使我们变得更加坚强，迅速成才。由此可见，对想要成就一番事业的人来说，对手的作用功不可没。最佳的选择不是仇视你的对手，而是和对手之间形成一种良性竞争，与他一起成长！

麦克阿瑟曾说：“为了更好地解决问题，你不仅需要助手，也需要对手。”这更为透彻地揭示了一个道理：我们和助手一起工作，合作至上，进而达到共同的目标，在这个过程中，我们可以和助手互相学习、互相进步，实现共赢的结果；而我们和对手之间则是比赛、竞争的关系，虽然目标仍是同样的，但要通过各自不同的努力，争取第一个夺取桂冠，在这场比赛中你只有两种选择，要么成功，要么失败，没有折中的办法，但是，我们却可以在这场比赛中提高工作效率，学到许多在携同工作中无法学到的东西。

美国著名五星上将道格拉斯·麦克阿瑟在初入行伍时，曾经历过一段低潮期，而导致这一情形的原因比较发人深省——军方对他给予了很高的期望，而他却为此飘飘然起来，于是便走向了酗酒、寻欢作乐的极端。因麦克阿瑟的作风问题日益严重，军方认为他难当大任，最后将他贬为一个小小的连长，当父母开始为他另觅高就时，他才醒悟过来。

麦克阿瑟不甘心就这样沉沦下去，他将“成为一个优秀的军人”视为毕生梦想，为此他通过艰苦的努力考上了西点军校并以优异成绩毕业，明明前途一片大好，怎么能这样不明不白地转业呢？想到这里，麦克阿瑟更加坚定了自己的目标，于是开始重新振奋，以全新的精神面貌投入到工作中。他除了精心完成各种任务，还发挥自己的写作专长，针对工兵作业情况写出了《军事爆破》。这本书一经面世就引起了麦克阿瑟供职的利文沃斯堡所有军事学校的重视，他们纷纷把这本书当做本校的教材，投入到日常的工兵教育中，麦克阿瑟得以重振声名。

后来，美军和墨西哥东海岸的最大城市韦拉克鲁斯发生了激战，麦克阿瑟奉命开赴前线。在麦克阿瑟的脑海中，墨西哥人虽然被“资产阶级民主革命”这一理想撩拨得气势高涨，但平心而论，单以战斗力而言，墨方是绝对不及美军的，所以他多少有点看轻这个“对手”。

在侦察前线时，麦克阿瑟发现韦拉克鲁斯地区虽然具有重要的战略地位，但交通工具的匮乏实在是个令人头痛的问题。麦克阿瑟经过仔细调查得知，墨军后方保留着几台铁路机车，具体位置不详，这让麦克阿瑟兴奋不已：只要他把这些机车弄到手，就能解决美军的供给运输问题了！于是，麦克阿瑟在报告将军后，只身一人到敌军后方侦察。

首先，麦克阿瑟雇了两名当地原住民给他带路，到了预定地点后，他就与向导分手，然后独自深入刺探情况。他冒着被敌人发现的危险，精神一直保持高度紧张，几经波折后，他终于在一个山洞里发现了那5台机车，令人高兴的是，它们都可以投入使用。就在麦克阿瑟大喜过望的时候，令他没有想到的事情发生了。

正当麦克阿瑟记下坐标，准备返回时，驻守在附近的墨军向他发动了突然袭击，原来是他先前所雇的向导之一向墨军告了密，现在他们正是闻风前来捉拿麦克阿瑟的。麦克阿瑟连叹自己轻敌，虽然找墨西哥人当向导是件很危险的事，可他也是无计可施才出此下策。再加上他认为自己单枪匹马出动，想来不会引起特别注意，没想到仍是出了岔子。

麦克阿瑟找了一条长满树丛的小路逃跑，借着树木的掩护，他一口气跑了几公里。敌人的子弹不时从他身边擦过，所幸的是都没有击中他。他在途中还不时躲在树后予以还击，最后，麦克阿瑟终于这样半打半跑地回到了美军边界线。

当天晚上，麦克阿瑟身着被树枝刮成条条的军装，浑身都是泥土与擦伤，却行姿矫健地走进将军办公室，向他详细汇报了此次出动的成果。当然，他这次的英勇事迹也在当晚迅速传遍了整个军营。

他的战友曾打趣他："好小子道格，没想到你还挺机灵的嘛！那么多枪子都打不中你，莫非真是上帝保佑你呢！"

麦克阿瑟笑言："跟你说实话，我当时也紧张得很哪！要不是他们一直追着我，我哪跑得了那么快？当跑进咱们的辖区时，我都觉得不可思议，都想看看是不是背上长出翅膀了呢！"

遇强则强，是深埋在麦克阿瑟心底的理念。在他的词典里，从没有"失败"一词，只要他想做的事，就一定要完成。至于对手，那不过是撒在他前进路上的小石子，只要踢开就好了。如果遇到大石头那也不用怕，只要你肯用力推，它总是能被移走的。他曾对西点的学子们说："我们既需要助手，也需要对手！"所以，在麦克阿瑟的军旅生涯中，正是那些无数像小石子、大石头的对手们的激励，最终成就了这位美国首屈一指的五星上将。

但麦克阿瑟的石子神话并没有得到一个圆满的结局，在许多年后的朝鲜战场上，他与彭德怀元帅相遇，并遭遇了他有生以来最大的"滑铁卢"。对麦克阿瑟的失败，美国军事家认为他严重低估了对手才导致这个悲惨的错误发生："麦克阿瑟和他的部队遇上了一个全新的对手！他对对方出手的方式、动作、时机、战术运用、火力特点和谋略运筹都不适应，无所适从……”而在麦克阿瑟自己看来，失败的原因远不止这样简单：“如果我们把战争扩大到中国，那我们就会被卷入错误的时间、错误的地点同错误的对手打一场错误的战争。”

美国评论家说得没有错。**作为肩负团队希望的领导者，除了要足够重视对手，还要能尽量准确地分析对手的优劣势**，俗话说“知己知彼，百战百胜”，如果连自己的对手都不了解，就两眼一抹黑想当然地投入到竞争中，又凭什么争得领先地位呢？

当然，麦克阿瑟的自我评论也没有错。选择一个不值得的项目，浪费不必要的时间，和一个错误的对手展开角逐，其结果必然是令人遗憾的。一个羸弱的对手不会对你构成威胁，捏软柿子不会对你产生任何好处；一个旗鼓相当或略为强劲的对手可以使你在竞争中得到成长，而一个过于强大的对手则很有可能让你一败涂地。

无论人还是团队的成长都需要对手激励，一个合适的对手可以以其强劲实力开发我们的潜能，使我们在不断进取中逐渐强大，进而使生命不断发出最强音。

最后还有一点需要领导者慎重考虑，假若对方太过强大，双方实力非常悬殊，大可不必争一时意气，以卵击石，保留自己的实力寻找下一个目标也是不错的选择。

行动指南

面对对手时，要首先让自己相信：“我比你更强大”，这样我们才能怀着更大的信心投入到以后的竞争中。不要对对手感到恐惧，应把他看作是激励自己变强的另类朋友，以乐观的心理看待事态发展。

若成功，对手就是我们行进途中的考验；若失败，对手就是使我们进一步成长的特别“助手”。

曼哈顿原子能工程负责人格罗夫斯：

当遭逢厄运时，要积极乐观地去解决问题

没有人会一帆风顺，任何人都会遭逢厄运。积极的心态和顽强的努力，会让你解决任何难题。

——曼哈顿原子能工程负责人莱利斯·格罗夫斯

危机对于一个团队来说可能是灾难，也可能是更上一层楼的转机。

危机在驾到之前是不会告诉任何人的，它总是悄无声息地杀你一个措手不及。大多数组织团队的日常工作都是分阶段按部就班进行，所以危机一旦降临往往会使整个团队阵脚大乱，因为这完全是意料之外的事，没有应对它的前期准备，也不可能立即就

作出反应决策，并且就算提前树立了危机意识做了防护工作，但事态未必会向着你所希望的方向发展，所以你所准备的方法未必都能发挥作用。

那么，难道我们只能坐以待毙吗？

当然不是，无论是有效还是无效的反抗，只要有直面危机的心态就已经掌握了胜算。在你急赤白脸地寻觅各种解决方法之前，要做的第一件事就是：不要暴躁，不要失望，要以积极乐观的态度看问题。将危机看成挑战，对自己说若冲过这道坎，你将会开创一个新局面。总之，就是将困难大而化小。当危机在你眼中变成一个侏儒，那它还有什么可怕的？

一件事情如何发展，结局如何，都要看我们选择怎样的态度去面对。

有位著名小说家曾写过这样的话：“他强由他强，清风拂山冈。他横任他横，明月照大江。”说的就是不论困难如何来势汹汹、如何强大，我们大可将它看作清风拂山，明月映江。把困难与危机弱小化、乐观化，用积极的心态和坚强的努力去面对，就定能渡过难关。

莱利斯·格罗夫斯于1896年出生于美国纽约州的奥尔巴尼。他家境殷实，从小就聪明好学，是个人见人爱的孩子，1913年，他考入了华盛顿大学。格罗夫斯是个很有主见的人，他知道自己想要什么，也清楚自己真正想走的道路，所以他于隔年转入马萨诸塞理工学院攻读工程学专业，开始探索他所喜爱的学术世界。

格罗夫斯在理工学院表现优越，在那段时间的学习中，他开始思考如果把工程学与军事联合起来，是不是能有发展空间？毕业后，格罗夫斯凭借一直以来的卓越表现，在1916年获得推荐资格并顺利考入西点军校。

1918年，格罗夫斯以全班第四名的成绩从西点毕业后，他先后在美国本土、夏威夷、欧洲和尼加拉瓜的美军部队任职，并去了美国陆军工程兵学校学习，这些都为他日后的研究积累了各种经验。再次毕业后，格罗夫斯出任美国陆军建筑计划与供给部部长的特别助理。1940年，他晋升为陆军工程兵建筑部副部长，并被授予上校军衔。短短两年后，格罗夫斯经陆军后勤部队司令萨默维尔的推荐晋升为准将，成为美国负责原子弹研制的曼哈顿工程区司令。

1940年后，美国开始着重开发原子能，美国政府成立了“铀顾问委员会”，它从属于国防研究委员会，进行铀分离的专项试验。在试验中，美国人发现铀威力无穷，如果投入到武器研发中将是既可怕又令人振奋的，于是，建立一个原子能专属工程区被迅速提上日程。时任建筑部副部长的格罗夫斯也被选为组建人选。

然而，面对这样一个在世界上史无前例的大提案，就算有政府的支持，在实现步骤上也是困难重重。比如因为原子能的特殊性质，没有哪家单位愿意当第一个吃螃蟹的人；还有厂地的选择，既要考虑到环境因素，还要照顾到当地居民的情绪，总之，格罗夫斯这条路走得可不轻松。但对于一名军人来说，总统将这一具有巨大历史意义的工程交给他，虽然他只是团队中的一分子，但也倍感光荣。格罗夫斯想："没有一件事是不需要付出就能得到成果的。如果我能渡过这条大河，对岸将会有更美的风景等待着我。"于是，他斗志昂扬地投入到工作中。

格罗夫斯先要确定工程协作单位，这可有点不容易，因为每个公司都对这个项目很感兴趣，但当他们开完内部会议后，都会以各种理由"情非得已"地推脱了，如果迟迟找不到合作的公司，项目就无法如期开展！这倒让格罗夫斯较上了劲，他还真不相信了，一个有政府支持，对后世有深远影响的项目不能找到一个有勇气加盟的人吗？经过一番奔波与谈判，他终于找到了两家愿意投资的公司。

这下格罗夫斯松了口气，但接下来的问题又出现了，理想选区内居民们的恐慌情绪日益高涨，而对原子能影响不在意的选区的条件又都有些欠缺，所以，厂址的选择不停被延后，这使格罗夫斯的上司马歇尔上校也头疼不已。格罗夫斯好不容易找到了合作单位，现在却又在厂址问题前止住脚步，他真是急得如热锅上的蚂蚁。

这时，格罗夫斯再次对自己说："道路越难走，终点的风景越优美。如果因为路况坎坷就坐下来不走了，那永远也不能到达终点。事态已经如此，还能有什么更坏的事发生呢？顶多就是项目搁置嘛！但只要自己向前走一步，它就有继续下去的可能！"

想到这里，格罗夫斯打起精神，自告奋勇前去解决厂区问题，马歇尔见他志在必得的样子，便应允了。经过格罗夫斯不断地奔走与拜访，最终他以锲而不舍的真诚感动了当地居民，于是厂址终于顺利敲定，目标是纽约曼哈顿，曼哈顿工程就此拉开序幕。

但格罗夫斯的工作远远没有结束，他还要协助团帮他购买一切设备与材料，按理说这样长时间高强度的紧张工作应该会让人感到疲倦，但格罗夫斯却没有，当前期准备工作结束时，他依然是一副跃跃欲试的样子，让团队中的成员赞叹不已。

当曼哈顿工程渐渐迈入正轨时，格罗夫斯发现了一个问题：人们似乎都忙于科技研发，却忽略了安保工作的重要性。即使最初负责保安工作的美国陆军训练有素，但他还是无法完全信任。在他看来，这些陆军士兵对工程的工作说不上了解，对外来拜访人员的审核也过于教条化，在这种情况下，厂区内接连发生了几次机密泄露事件。于是他就想能不能建立一组专属于工程区的保安队伍？这样不仅保安人员的专业性强，也能对各种突发事件做到真正的对症下药。

虽然他的想法是好的，但美国陆军是何等角色？怎会凭他一两个提议就撤回？但格罗夫斯没有灰心，他认为，虽然这个任务看似不可能完成，但还是存有一线希望的。美国政府有多重视这个项目他心知肚明，只要找到那些议员与总统心理上的软肋，一下击中要害，就有成功的可能。于是格罗夫斯起草一份文件，获得团队的一致认同后，直接上递给总统。总统阅读他的意见后认为十分有见地，于是真的从工程区撤回了陆军。格罗夫斯立即着手组建自己的全套保安机构，并任命小约翰·兰斯代尔少校负责。从此，工程区的保安密度加强了，也更加有针对性了，并且再未出现过泄露重要机密的事故。

领导者要首先留意团队中工作气氛的改变，当危机来临时，通常会影响到工作常态，这种安定的局面被突然打破，难免会造成团队的暂时性混乱。所以，领导者要首先做到临危不惧，从容乐观地应对，安抚不稳定情绪，给大家树立信心。**只有先树立正确的意识，才能保持冷静，理顺思路，找出应对的方法，让危机转换为转机。**

其实，针对不同的危机，应对方法也各有千秋，但有两条是不变的：

（1）在遇到危机时要当机立断，不要过度纠结于自己已失去的，要看到你已拥有的，并且要尽全力保护它，力图将损失控制在最小的范围内。如果自乱阵脚拖拖拉拉，一味纠缠于自己的失败，就会使事态一发不可收拾，渐渐陷入到难以挽回的困境中。到头来，恐怕连本来能挽救的优势也失去了。

（2）负起责任，不要恐惧，将一切困难都看成纸老虎。回想自己在起步时期是如何克服那些艰难险阻的，告诉自己，在你什么都不懂的时候都坚持下来了，现在这点小磨难又算什么呢？它不过是你职业生涯中的试金石罢了，只要撑过这场试炼，你就能再上一个台阶了。

作为整个团队的领路人，团队的生存与发展是要放在首位考虑的事情。虽然每个不同的团队会受“天时、地利、人和”等各种不可抗性因素的制约，但是当事业大环境变差时，当每个人都面临着同样的危机时，领导者做出什么反应、如何应对将决定整个团队的命运，只有乐观坚强、不怨天尤人、不自暴自弃、敢于直面危机的领导者才会成为最后的赢家。

行动指南

当危机来临时，不要迟疑也不要等待，要当机立断采取行动。聚集起整个团队的智慧与力量，做一个永不放弃的火炬手，带领你的伙伴跑下去。

告诉你的伙伴，危机没什么了不起，你以前见过相似的困难并克服了，以后或许还会碰到更大的考验，现在的危机只是个纸老虎，只要你们举起剑冲上去，任何难题都会迎刃而解。

国际银行前主席奥姆斯特德：不正面迎向恐惧，就得一生一世躲着它

以顽强的毅力和百折不挠的奋斗精神去迎接生活中的各种挑战，才能够免遭淘汰。

——国际银行前主席奥姆斯特德

人的一生都在渴望与选择之间起伏：当我们每行走到人生的不同阶段或是每经历一场特别的际遇时，都会产生不同的渴望。而当我们看到与渴望伴随而来的挑战与机遇时，无疑又要面对各种抉择。这时，要知难而上还是迎难而退——不同的态度决定了不同的人生轨迹。

放眼当今各个杰出的领导人，他们有的或许称不上出色，还

有的人也并未接受过良好的高等教育，可是他们最终却走上了成功的顶峰，这是为什么呢？我们通过回望可以知道，任何人都会在前进的道路中遭遇困难，但这些功成名就的杰出人士无一不是直面艰难，通过各种方式与渠道攻克难关，最终迎来平坦之途。

从人性的角度来看，一般人在遇到困难时，会因受到打击而倍感沮丧、情绪低落，然后开始对自我产生怀疑，当这种负面情绪不能得到控制而肆意扩散的话，最终只会导致自我放弃，因为这样的人会反复思量：“这项工作是否适合我？我能否做好它？我真的能带领好这个团队吗？”

产生这一连串疑问的原因，归根到底出自人们内心深处的恐惧。这种恐惧心理通常会将人的缺点无限放大，使人陷入一种自暴自弃的境地，让人对自身本没有的一些专业素质产生依赖感，如“如果我学会这个就好了”、“如果我能够拥有什么就好了”等。一旦产生这样的心理，首先就是从本源上否定了自己的价值，掐断了只要努力一下就会出现转机的可能，然后安于现状或是干脆倒退。

国际银行前主席奥姆斯特德曾说：“不正面迎向恐惧，就得一生一世躲着它。”其正是对这一心理的深刻剖析。我们知道，人们都有一种惯性，在第一次放弃后，这种将一切问题抛到脑后的轻松感会使我们上瘾，所以当我们再次遇到困难而对其产生恐惧心理时，就会首先想到只要放弃就能使自己一劳永逸。久而久之，我们渐渐丧失了反抗与挑战的能力，只拥剩下到困难就逃避的本能。

乔治·奥姆斯特德是美国著名的陆军将军。在军队中他的表现首屈一指，待他退休后，他又从一名退休将军变身为华盛顿地区的强大商人。

奥姆斯特德在少年时代并无特别出彩之处，他先是就读于爱荷华州立大学，1918年考入西点军校。或许是人生目标渐渐显露，或许是个人理想开始清晰起来，奥姆斯特德在西点开始显露他的风姿才华。他先是担任学员队长，在年级学术评比排名中也是高居前列。后来，他还担任学生会主席，并夺取了学院轻量级拳击比赛的冠军。在西点的这段生活可以说对奥姆斯特德的未来影响颇深，他本人也曾坦言，正是西点教会了他勇往直前的行事风格。如果没有进入西点，他恐怕会延续先前的性格，然后平淡无为地度过一生。

奥姆斯特德说的没错，虽然西点军校接受议员推荐，但对新生的素质也非常严格，可以说，能够通过西点层层审核的人都是十分优秀的。但这样一群人才在进入学校后也不能掉以轻心，因为西点还有一项不同寻常的淘汰规定："4个学年结束时总淘汰率要保持在25%左右，其中第一年就必须要淘汰10%的学员。"这就意味着，即使你走进西点，也不一定能和其他人一起参加毕业典礼。但正是这种全程淘汰制度激励着学员们卯足精神付出最大的努力，这也就直接决定了最终拿到西点毕业证书的人必然是可以承担任何重任，并且绝不轻言放弃的人。

所以，每一个西点人，包括奥姆斯特德在内，都是夺得这四年长期挑战的最终胜利者。众所周知，西点以培养出色的军人为教学目的，所以西点的教学都是以实际战争为背景，日常训练从某种意义上说就是复制战场。毫无疑问，学员们要想从西点顺利毕业，就必须要面对学习与训练中的严苛与残酷、痛苦与折磨，并且要与这些磨难做长期及大量的斗争。“放弃”一词在西点学员身上是行不通的，在他们的心中，只有前进才是最现实的。

对奥姆斯特德来讲，在模拟战场上的一次遭遇令他感到醍醐灌顶，并对他今后的人生产生了重大影响。

一天，奥姆斯特德所率领的部队和敌方开战。他们虽然冲锋无数次，但都被对方击退回来，战况十分惨烈。奥姆斯特德接连向指挥部发出支援请求，但他被告知，援军最快也要第二天清晨赶到。

眼看众将士接二连三在身边倒下，对方的火力只增不减，而他又被敌军打中了腿，“丧失了行动力”。在不知不觉中，奥姆斯特德发现，战场上仿佛只剩下他一人，而长夜漫漫，天空依然黑沉沉的，黎明就像永远不会到来一样，打在他身上的“子弹”越来越多，他慢慢感到绝望。面对敌军的猛攻，面对满目疮痍的战场，奥姆斯特德这时横下一条心，将“枪”顶在太阳穴上，选择了自杀。

结果自然是对方大获全胜。在后来的整顿中，奥姆斯特德发现原来队伍中还有一位伙夫幸存，正是这位伙夫抱着本团的战旗，等待着援军的到来。

这件事让奥姆斯特德沉思良久。显而易见，打败他的并不是敌军，而是自己。就算没有了士兵，就算没有战机，就算对方非常强大，但作为一个军人而言，首先应该相信自己的信念，要相信报效祖国与人民的忠心、要坚定自己的士兵之魂。敌人永不能将你打败，即使他们伤害了你，但作为一名战士，你将光荣地在战场上为国捐躯，而不是在尚有转机的时候先放弃自己。

从这以后，奥姆斯特德深深明白了，一个人最大的敌人一直都是他自己，如果过不了自己的心理关，那么他做什么事都不会顺利。一个人若渴望成功，那么他必须先战胜自己。如果你对一切感到恐惧、害怕，那么你将永远周旋在这个怪圈内，既无法走出去，也没有人能够挽救你。

毕业后，奥姆斯特德重返平民生活。他先是跟随父亲做一个小小的保险代理商，干得有声有色。后来，他组建了自己的家庭，离开父亲羽翼的庇护，开办了自己的小公司。慢慢地，奥姆斯特德的生意越做越大，威望也越来越高，1923年，他当选为全国青年商会主席，并建立了“杰出青年年度人物”这一奖项，这使他引起了共和党的注意。

奥姆斯特德受到当时美国总统胡佛先生的接见。胡佛总统先是对奥姆斯特德大加褒奖，总统的青睐对他后来的经商也有很大帮助。后来，奥姆斯特德通过对长途货运业和其他各个保险公司的吞并，将公司越做越大，一直做到了华盛顿。在那里，他将自己的小公司做成了享誉世界的国际银行，而奥姆斯特德就是国际银行的第一任主席。

在小公司向国际银行华丽转变的过程中，挫折与磨难是不可避免的，但奥姆斯特德一直牢记自己在西点“不战而败”的经历，并将它作为自己一生的教条：“面对恐惧你没有别的办法，只能迎难而上、勇往直前。”

坚持不懈、百折不挠、不畏惧艰难困苦、用一颗勇敢的心去面对每一个困难，这是人们从古到今都在歌颂的可贵品质。

歌德曾说：“绝不苟且地坚持下去，严厉地鞭策自己继续下去，只要做到这些，即使是最渺小的人也一定能达到目标。因为坚忍不拔是一种无声的力量，这种力量会随着时间的流逝而增长，是任何失败和挫折都无法阻挡的。”

任何事业都不相信眼泪，它们只相信强者。困难并不可怕，只有迎难而上、坚持到底的人才有资格看到胜利的曙光。在竞争激烈的当今社会，人们变得更加看重结果：不管你在工作过程中遇到什么困难，怎么克服，如果你没有达到预期的结果，那么你之前的努力都可谓白费。

在一个团队中，领导者不仅要为自己的人生负责，还要为其他的成员负责。假若领导者在困难面前就先灰心了，那让其他人如何自处呢？所以，**一旦我们确定了目标，就要坚持“不到最后**

绝不放弃”的精神，不管在途中会发生什么，都要硬着头皮做到底。这样不管未来的结果是什么样子，我们都能无愧于心。

行动指南

领导者首先要有自我意识，在内心的恐惧来临前就要提前注意到，并做好心理疏导工作，以意气风发的面貌做一个称职的领路人。另外，不管遇到什么困难，都应多多尝试各种办法，哪怕成功率再渺小的办法也是值得一试的，重点是你不能放弃，并且这个词永远都不要说出口。

西点状元杨亦周：
面对难关，除了坚持就是创新

当你面对难关时，除了坚持，你唯一能做的就是创新。

——西点状元杨亦周

近年来，人们时刻将“创新”二字挂在嘴边。无论是个人还企业，甚至是政府机构，都在寻求一条创新的路子，想要突破由来已久的老传统，为所在团队注入新的活力，以保持其新鲜感与竞争力。

人类的发展史可以说就是一部创新史。在远古时代，早期人类受尽风霜严寒，过着茹毛饮血的生活。那个时候，人们不仅终日过着战战兢兢的生活，而且疾病率与死亡率也非常高。就在人们为此而万分苦恼时，某位先驱者在无意中发现了“钻木取火”

这一窍门，于是他们发现自己“发明”出来的火焰既能将食物烧烤得更加美味，还能在夜晚时作照明防御之用。人们发现，自从他们使用火之后，疾病率下降了，野兽们也不敢在深夜时偷袭他们了。于是，我们的祖先过上了更舒适、更稳定的生活——火的偶然出现，大大加速了人类进化的速度。

后来，人们使用煤油灯时总是被熏得咳嗽不止，于是电灯出现了；人们依靠马车、牛车为运输工具时总是不能及时抵达目的地，于是蒸汽机车出现了……现在，为了最大限度地缩短城市之间的距离，火车、飞机出现了，人们的生活因不断创新而变得越加高效和完美。

西点军校状元杨亦周，是一个华裔小伙，他的人生信条就是“追逐梦想，就要勇于打破传统”。他是这样说的，也是这样做的。

在杨家定居美国后的某天，杨亦周和母亲回家时发现有几个七八岁的孩子在叫卖柠檬汁。在他们简陋的小摊旁，一位妇女正神情慵懒地看着书。每当有一位客人光顾他们，他们就会冲那位妇女兴奋地喊道：“妈妈，又挣了10美分！”孩子们眼中的热切与骄傲深深打动了杨亦周，他对母亲说：“妈妈，我也想卖柠檬汁。”母亲赞许地对他说：“我相信你一定能比那些小朋友卖出更多的柠檬汁。”

杨亦周说干就干，第二天他就在家附近支起了冷饮摊子。但与那些小朋友不同的是，杨亦周除了供应常规柠檬汁外，还会附送客人纸巾，因为冷饮通常会把客人的手沾湿，并且有的女士手指不耐冷，有纸巾包裹一下会感觉好一些；除此之外，杨亦周还特别提供冰块，如果有的客人嫌冷饮不够刺激，还可以多加一些冰块，当然这些都是免费的。一天下来，杨亦周竟然赚了12美元，这让人感到极为欣喜，尽管他整天都在骄阳之下汗流浃背，但当他看到自己最终获得的报酬时，他感到一切都是值得的。这段经历除了让他明白买卖可以有多种辅助手段外，更让他体会到了金钱的来之不易，也正是这段经历让杨亦周在日记里写出了“要花钱，自己挣”的理财观。

在杨家父母的规划中，儿子原本可以稳稳当当地完成学业，然后成为一名优秀的医生，但杨亦周却作出了令父母大吃一惊的决定：读军校，当一名军人！杨亦周坦言，杨家虽定居美国，但家庭教育仍然保持着中国式的传统方式，在父母眼中，杨亦周将来应该子承母业——做一名医生。但在杨亦周的成长过程中，他却对军人这一职业产生了极大兴趣，对于他来说，军人有一种十分独特的魅力：“他们将自己投身于艰险和辛劳，以此换来别人的幸福和欢笑。”

初入西点的杨亦周因为自己的外型而受到了许多同学的取笑，因为他身材瘦小，还戴了一副大眼镜，这使得他看上去更像个研究员，所以有同学打趣他进错了校门。但这种误会并未持续太久，在后面的训练中，杨亦周凭借自己的聪明才智让大家对他刮目相看。

首先，在西点给新生们准备的“魔鬼训练”中，他们接到了一项徒步前往目的地的任务，在这个任务中，他们要行军8公里，并且在途中还有随时被俘的可能。大家行军时内心都有些忐忑，万一要是不小心被人抓住了，分数可就都没了啊！但杨亦周一点也不发愁，他将队友们分成几组，对一切有“敌人”嫌疑的据点发动“投石攻击”，见可疑的地方就砸，反正石头到处都有。这个土方法还挺见效，敌人们都架不住石头的攻击，纷纷缴械投降。最后，杨亦周小组不仅最快抓到了俘虏，而且俘获人数也是最多的。

就这样，在今后的训练中，杨亦周凭借自己从当“孩子王”时就培养的不按理出牌的创新意识，帮小组解决了许多难题。待艰苦卓绝的训练结束后，每个人都对杨亦周竖起了大拇指，他依靠自己的努力，获得了大家的认同。

在所有西点著名校友中，杨亦周毫无疑问是最默默无闻的一个，但也是最有个性的一个。无论是在训练还是在学习中，又或是毕业之后的工作道路上，每当遇到困难时，杨亦周都采用他所特有的思考方式——换个思路、换个角度看问题。不沉迷于老传统，当你将眼光放在老路子之外时，你会发现更多解决方法。

作为整个团队的核心，领导者除了要拥有丰富的管理经验、专业知识外，更要拥有像杨亦周一样的创新精神。鲁迅说：“这世上本没有路，走的人多了也便成了路。”这句话从某种意义上也透露了一个道理：老路子、老传统是所有人都知道的，所以大家都在走这条路，想要拔得头筹你就要先打败许多对手。但如果你能够发现一条不为他人所知的新路，或者干脆自己“走”出一条新路，没有人与你在这条道路上竞争，你不是能更加迅速地到达目的地吗？

可见，**打破传统、提倡创新是我们在前进道路上的一条捷径。与其和其他人争得头破血流，不如将目光放至更广阔的世界，剑走偏锋，既能抢得先机，又能轻松地完成任务，**这不正是我们所期望得到的结果吗？所以领导者首先要将头脑中的旧思想酌情清除或保留，以留下来的精华为基础进行开拓创新，这样才能使团队迅速稳定地发展。

行动指南

领导者不仅要将视野放宽，还要注意不要执著于太高的目标。任何小的创新都能一鸣惊人，其一样可以在某个时刻发挥颠覆性的作用。不要纠结于往日的经验，世界在变化，往日的经验未必适用于今日。领导者要站在潮流前线，培养自己敏锐的嗅觉，力争在他人之前完成改革，成为登顶第一人。

难以想象 无法描述的震撼！

这是一堂国际级别的企业训练课程！

这是一堂与你以往参加的培训截然不同的课程！

这是一堂如果不是在这里花两天一夜来上，

必定会在生活中花五至十年来上的课程！

这是一堂历经几十个国家十几年验证的经典课程！

课程内容提要：

第一讲：人生有舞台才有价值

第二讲：团队心智模式

第三讲：提升团队绩效

第四讲：团队共赢基础

第五讲：团队平衡法则

第六讲：搭建致胜团队

第七讲：体现个人价值

第八讲：修炼职业化团队

课程时间安排：两天一晚

第一天　8:30——22:30 提前告知酒店预计课程时间。

第二天　8:30——17:30 结束后根据企业需求设置成功晚宴。